경제용어도감

경제용어도감

초판 1쇄 발행 2019년 5월 25일
초판 5쇄 발행 2023년 8월 5일

지은이   하나오카 사치코
일러스트   하마바타케 가노우
옮긴이   송서휘
펴낸이   이영선

편집   이일규 김선정 김문정 김종훈 이민재 김영아 이현정 차소영
디자인   김회량 위수연
독자본부   김일신 정혜영 김연수 김민수 박정래 손미경 김동욱

펴낸곳 서해문집 | 출판등록 1989년 3월 16일(제406-2005-000047호)
주소 경기도 파주시 광인사길 217(파주출판도시)
전화 (031)955-7470 | 팩스 (031)955-7469
홈페이지 www.booksea.co.kr | 이메일 shmj21@hanmail.net

ⓒ 하나오카 사치코 하마바타케 가노우, 2019
ISBN 978-89-7483-986-4 03320

이 도서의 국립중앙도서관 출판예정도서목록(CIP)은 서지정보유통지원시스템 홈페이지(http://
seoji.nl.go.kr)와 국가자료공동목록시스템(http://www.nl.go.kr/kolisnet)에서 이용하실 수
있습니다.(CIP제어번호: CIP2019016667)

경제용어도감

하나오카 사치코 지음

하마바타케 가노우 일러스트
송서휘 옮김

서해문집

경제 흐름이 '저축'에서 '투자'로 전환되고 있는 현대 사회에서는 경제를 알아야 할 필요성이 점점 커지고 있다. 경제 지식, 즉 경제학이 투자에 도움이 되기 때문이다. 또한 신문, 텔레비전, 인터넷 등 눈으로 접하는 뉴스와 우리의 생활을 둘러싼 모든 것이 경제다. 경제학은 내일 날씨가 어떨 것인지 또는 올여름이 얼마나 더울지에 신경 쓰는 일처럼 일상적인 것이 되었다. '요즘 채소 값이 왜 오를까?' '연말연시 여행상품은 왜 비쌀까?' '원유 감산에 나서면 국제 원유 가격은 폭등할까?' 같은 의문들이 모두 경제와 관련된 사항이다.

예를 들어 물건 가격은 어떻게 결정될까?

소비자는 싸게 사고 싶고, 파는 쪽은 비싸게 팔고 싶어 한다. 그래서 수요와 공급의 관계를 알면 가격이 결정되는 지점을 판단할 수 있다. 또 어느 쪽 입장이 강한지에 따라 가격이 오르거나 내린다는 것을 이해하면 여러 가지를 알게 된다.

이러한 사실과 현상의 움직임을 어떻게 보아야 할 것인지에 대해 힌트를 주는 게 경제학이다.

기상도를 예로 들어 보자. 저기압과 고기압의 차이, 태풍의 세기, 등고선의 의미 등을 알고 있는 분들은 기상도를 다른 사람에 비해 쉽게 이해할 것이다. 경제학도 기본 지식이 있으면 뉴스와 사건을 훨씬 잘 이해할 수 있게 된다. 당연히 뉴스가 담고 있는 깊은 뜻도 찾아낼 수 있다. 이 책은 이러한 재미를 알리기 위해 일러스트를 넣어 구체적으로 예를 들고, 가능한 한 쉬운 문장으로 즐겁게 이해할 수 있도록 구성했다.

그렇다고 기초적인 내용만 들어 있는 것은 아니다. 미시경제학, 거시경제학부터 시작해 국제경제학과 경제사에 이르기까지 현대 경제학이 다루는 모든 분야를 담고 있다.

경제 정보와 기사를 제대로 이해하고자 하는 직장인, 주부, 일반 시민부터 다양한 경제 관련 시험을 눈앞에 두고 있는 수험생에 이르기까지 오늘날 경제 지식을 필요로 하는 모든 이들을 위한 내용을 망라했다고 할 수 있다.

처음부터 읽는다면 경제학의 개요부터 이해할 수 있지만 어디를 펼쳐서 읽어도 상관없다. 또 단어와 관련된 항목으로 넘어가도록 했으니 그 단어를 더 깊고 넓게 이해할 수 있다. 궁금한 단어를 쉽게 찾을 수 있도록 책 말미에 찾아보기도 붙여 놓았다.

이 책을 통해 무심코 지나던 일상을 '주변에 이러한 사실과 현상이 있었구나.' 하고 재발견하길 바란다. 한 걸음 더 나아가 '다음에 어떻게 하면 좋을지' 최선의 경제적 선택을 찾는 지혜도 갖추게 되리라 믿는다.

1장 경제학이란 무엇인가? 10

2장 미시경제학 32

3장 거시경제학 120

4장 국제경제학 236

5장 경제사 252

1장

경제학이란 무엇인가?

CS?

1. 경제학 Economics

모든 사람이 재화(물건)와 서비스[p.13]를 원하는 만큼 갖기란 불가능하다. 경제학은 그러한
욕구를 어떻게 충족시킬 것인지 연구하는 학문이다.

경제는 삶과 생활의 모든 측면과 관계를 맺고 있어 경제학을 배우는 것은 곧 세상을 이해하는
것이다.

2. 희소성 Scarcity

사람들이 원하는 만큼의 충분한 자원을 사회가 갖고 있지 않은 상태.

① 사람들이 모두 사과를 먹고 싶어 하지만….

② 그렇게 많이 수확할 수는 없다.

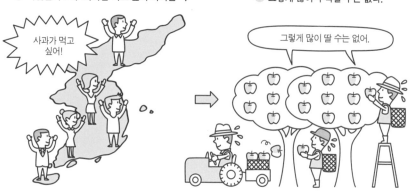

그러므로 한정된 자원인 사과에는 희소성이 있다.

3. 재화와 서비스 Goods & Service

개인이나 기업[p.52] 등이 대가를 치르고서 갖고자 하는 물건이나 서비스. 형태가 있는 것은 재화라 하고 눈에 보이지 않는 것은 서비스라고 한다. 재화는 크게 네 가지로 분류된다.

소비재

최종적으로 개인이 사용하는 재화.

책
옷
칫솔

자본재

다른 물건을 만들거나 서비스를 제공하기 위해서 사용하는 재화.

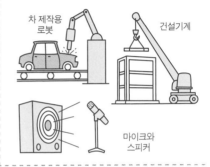

차 제작용 로봇
건설기계
마이크와 스피커

내구재

장기간 사용할 수 있는 재화.

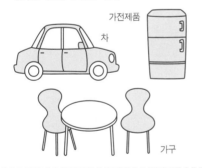

차
가전제품
가구

비내구재

사용하면 사라지는 재화.

식품
화장지

서비스

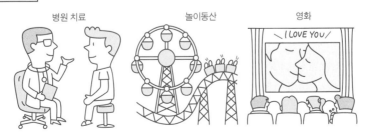

병원 치료
놀이동산
영화

4. 니즈와 욕구 Needs & Wants

니즈란 생존을 위해서 필요 불가결한 것.

욕구는 니즈를 충족시키는 수단.

● 니즈를 충족시키는 것.

● 니즈와 욕구를 충족시키는 것.

왼쪽 그림처럼 음식이라면 무엇이든 먹고살 수 있는 니즈를 충족시킨다. 그러나 욕구는 "튀김을 먹고 싶어, 갈치를 먹고 싶어, 우동을 먹고 싶어…"처럼 매우 다양하기 마련이다. 따라서 니즈를 충족한다고 해서 욕구까지 충족되는 것은 아니다.

5. 최적화 행동 Optimizing Behavior

소비자나 생산자처럼 시장에 참가하는 사람은 합리적인 행동을 취할 것이라 여기는 것.

경제학[p.12]은 최적화 행동을 취하는 것을 전제로 한다. 싸게 살 수 있는데도 굳이 비싼 재화나 서비스[p.13]를 사거나, 일부러 싸게 팔겠다는 비합리적인 행동은 가정하지 않는다.

6. 생산요소 Factors of Production

재화나 서비스[p.13]를 생산하는 데 필요한 자원으로, 보통 다음 네 가지가 있다.

토지 인간의 노력으로 만들지 못하는 천연자원.

자본 재화나 서비스의 생산에 사용되는 기계와 공장.

노동력 노동자가 육체나 두뇌를 이용하여 소득을 얻기 위해 하는 일.

기업가 새로운 사업을 통해 상품을 시장에 공급하는 사람.

7. 인센티브 Incentive

의사결정을 하는 사람의 행동을 변화시키는 유인과 동기부여.
대표적인 인센티브는 가격[p.100]이다.

가격을 낮추면 사려고 하지 않던 사람도 사도록 유인할 수 있다.

8. 가치 Value

시장[p.20]에서 결정되는 재화나 서비스[p.13]의 값어치. 가격[p.100]의 형태로 나타난다.

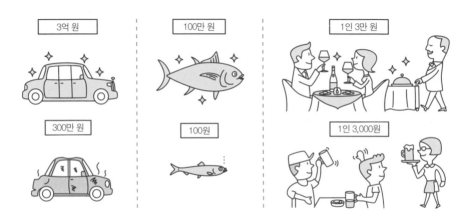

9. 가치의 역설 Paradox of Value

필요성이 크기 때문에 가치[p.16]를 가진다고만 할 수 없고, 필요성과 가치 사이에 모순이 있다는 것.

1 물은 인간에게 필요 불가결.

2 대한민국은 수자원이 풍부.

3 물이 싸다.

희소성이 낮기 때문.

1 다이아몬드 없이도 살 수 있다.

2 하지만 구하기가 어렵다.

3 그래서 비싸다.

희소성이 높기 때문.

10. 효용 Utility

재화나 서비스[p.13]가 가치[p.16]를 갖기 위해서는 희소성[p.12]만으로는 불충분하고, 무엇보다
효용(만족감)을 제공하는 쓸모가 전제되어야 한다.

① 물은 살아가기 위해서 필요하다는 점에서 누구나에게 효용이 있다.

② 다이아몬드와 에메랄드 같은 보석은 그것을 원하는 사람에게는 효용이 있다.

③ 하지만 보석을 원치 않는 사람에게는 원하는 사람만큼의 효용이 없다.

효용이 없다고 여기는 사람에게는 아무리 희소성이 높아도 가치가 없다. 효용이 있고 희소성
도 있으면 가치가 올라간다.

11. 부 Wealth

효용[p.18]이 있으면서 희소성[p.12]도 있고, 한 사람으로부터 다른 사람에게 이전 가능한 생산물의 축적.

석유   석탄   공장   빌딩   상가

주택   가구   의류   책   가전제품

12. 가계 Household

민간(소비자) 부문의 기본 단위. 한 채의 주택이나 아파트에 살고 있는, 생계를 함께하는 모든 사람으로 구성된다.

13. 시장 Market

매도자와 매수자가 재화와 서비스[p.13]를 교환할 수 있는 기능 또는 장소를 가리킨다. '외환 시장' '시장가격'과 같이 경제적 기능을 나타내는 추상적 시장과 '생선 시장' '김장 시장'과 같이 장소를 나타내는 구체적 시장을 포함한다.

외환시장

생선 시장

14. 경제순환 Economic Cycle

재화나 서비스[p.13]의 생산과 소비 등 일련의 경제활동은 가계[p.19], 기업[p.52], 정부와 같은 경제주체[p.21]에서 분담하며 그 성과는 화폐[p.152]를 통해 교환된다. 이것을 경제활동의 순환 이라 한다.

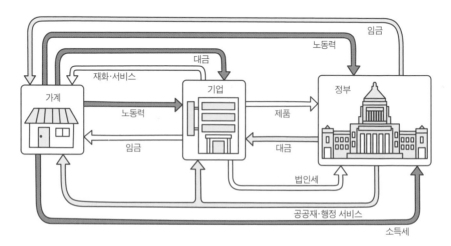

이 순환은 재화나 서비스와 화폐를 교환하는 장소 및 기능을 포함하며, 시장[p.20]이 중요한 역할을 하고 있다.

15. 경제주체 Economic Agent

생산·유통·소비 등 경제활동을 수행하는 단위로 가계[p.19], 기업[p.52], 정부를 말한다.

소비자, 생산자, 개인 등 다양한 집단을 경제주체로 파악할 수도 있다.

16. 자유 시장경제 Free Market Economy

가계[p.19]나 기업[p.52]이 사거나 팔고자 하는 재화와 서비스[p.13]를 자유롭게 거래할 수 있는 시장[p.20]을 말한다. 정부와 권력이 개입하지 않고 수요와 공급[p.34]의 균형을 이룬 곳에서 가격[p.100]이 결정된다.

17. 경제성장과 생산성
Economic Growth & Productivity

경제성장이란 한 나라의 재화와 서비스[p.13]의 총생산량이 시간의 경과와 함께 증가하는 것을 말한다. 경제성장을 좌우하는 열쇠 중 하나가 생산성이며, 생산성이 올라감으로써 경제성장이 가능하다.

① 기업 A는 하루에 1,000개의 볼펜을 생산하고 있다.

1일……1,000개
2일……2,000개
3일……3,000개

50일……50,000개

② 기계의 유지관리를 잘했더니….

③ 하루에 1,200개의 볼펜을 만들게 됐다.

1일……1,200개
2일……2,400개
3일……3,600개

50일……60,000개

생산성이 **20% 오름으로써 생산량이 증가하고 경제성장으로 이어진다.**

18. 분업 Division of Labor

1명이 수행하는 작업의 종류가 이전보다 적어지는 것.

① 볼펜을 만들고 있는 A공장에 10명이 일하고 있었다면, 이 공장에서는 10명이 모든 공정을 담당하는 작업 방법을 취했다.

① 재료의 투입

② 기계의 작동

③ 제품의 검사

④ 제품의 출하

② 이 공장에서는 이러한 작업 방법이 효율이 떨어진다고 여겨 10명에게 공정을 나누어 할당하는 새로운 작업 방법을 도입했다.

①의 공정에 2명

②의 공정에 3명

③의 공정에 3명

④의 공정에 2명

4개 공정을 10명 모두가 담당하던 종전 방식에 비해, 10명 각자 맡은 일을 정하고 하나의 공정에 집중하는 방식이 생산성[p.22] 향상에 유리하다.

19. 특화 Specialization

보다 잘하는 분야에 집중하는 것. 크게 세 가지를 들 수 있다.

● 기업 내 특화의 경우

● 기업 간 특화의 경우

● 국가 차원의 특화의 경우

20. 트레이드오프 Trade-off

여러 가지 선택 중에서 하나를 선택하면 다른 하나를 포기해야 하는 관계.

개인의 경우

1,000원짜리 점심을 선택하면, 도시락과
디저트를 포기해야 한다.

기업의 경우

재고를 줄이면….   재고를 늘리면….

판매 기회 상실   불필요한 재고비용 발생

21. 비용 Cost

갖고 싶은 재화나 서비스[p.13]를 손에 넣기 위해 필요한 대가.

재화   2만 원

옷을 갖기 위해 대가로
2만 원을 지급

영어   서비스

영어회화를 배우는 대가로
2만 원을 지급

22. 기회비용 Opportunity Cost

일반적으로 필요한 재화나 서비스[p.13]를 손에 넣으려고 할 때, 여러 가지 선택 사항 가운데 하나를 선택한다. 그때 그 선택을 하지 않고 다른 선택을 했다면 얻었을 가치[p.16]를 가리킨다.

● 개인의 경우: "놀이공원에 갈까, 아르바이트를 할까?"

아르바이트로 10만 원 벌 수 있었는데 놀이공원에 가면서 그 편익을 포기했다. 즉, 10만 원의 기회비용이 발생했다.

● 기업의 경우: "1억 원 들여서 기계를 도입할 것인가, 사람을 채용할 것인가?"

기계를 도입함으로써 사람을 채용해 얻는 가치를 희생한다는 측면에서 1억 원의 기회비용이 발생하게 된다.

23. 주식회사 Corporation

주식을 발행하여 회사에 필요한 자금을 모으는 회사. 투자자는 주식을 매입함으로써 주주가 되고 회사에 대하여 그 지분만큼 소유권을 갖는다.

● 주식회사의 장점은 크게 다섯 가지다.

1 자금 조달이 용이하다.

자금이 필요한 경우에는 주식을 발행하여 조달한다. 차입금처럼 상환의 필요가 없다.

2 주주는 출자한 사업의 전문가가 아니라도 괜찮다.

전문 경영자에게 기업 운영을 맡긴다.

3 주식의 소유자가 바뀌어도 회사는 존속한다.

4 주주는 부채에 대해 책임을 지지 않는다 (주주의 유한책임).

주식에 투자한 자금의 범위 내에서만 책임을 지기 때문에 회사가 파산해도 출자금 이상은 손해 보지 않는다.

5 주식의 소유권을 이전하려면 주식 매각만으로 결정된다.

24. 생산가능성 프론티어
Production Possibilities Frontier

어느 나라가 소유한 모든 자원을 가장 효율적으로 사용하여 생산할 때 얻게 되는 재화(서비스 포함)[p.13]의 조합을 나타낸 그래프.
자원은 한정되어 있기 때문에 한 재화의 생산을 늘리려면 다른 재화의 생산을 희생해야 하며, 한 재화의 생산을 늘리면 다른 재화의 생산량은 감소하는 관계에 놓인다.

① 예를 들어 A라는 나라가 '자동차'와 '쌀', 이 두 재화만을 생산한다고 하자.

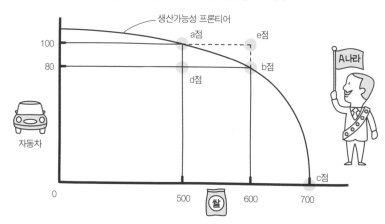

② 모든 자원을 이용하면 A국에서는 자동차 100과 쌀 500을 만들 수 있다(a점). 반면에 자동차 생산을 80으로 줄이고 쌀 생산을 600으로 할 수도 있다(b점). 차를 전혀 만들지 않고 쌀만 700 생산할 수도 있다(c점). 또 곡선 안쪽에 위치한 자동차 80과 쌀 500을 만드는 선택을 할 수도 있다(d점). 그러나 곡선 바깥, 즉 자동차 생산량 100을 유지한 채 쌀 600을 생산하는 것은 자원이 부족해서 불가능하다(e점).

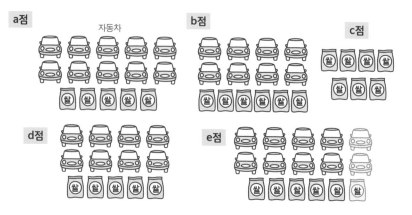

3 b점으로 이동하면 쌀을 100 더 생산할 수 있지만, 20만큼의 차는 제조할 수 없게 된다. 이렇게 제조할 수 없게 되는 부분이 기회비용[p.26]이다.

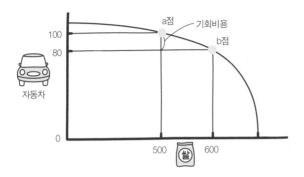

4 또한 생산가능성 프론티어 곡선 내에서 생산하는 경우에는 활용하지 않은 자원이 존재하게 되는데, 이런 자원을 '유휴자산'이라고 부른다. A국의 경우 쌀 생산이 b점 600에서 d점 500으로 떨어지면, 유휴자산의 기회비용은 잃어버린 쌀 생산량 100이 된다.

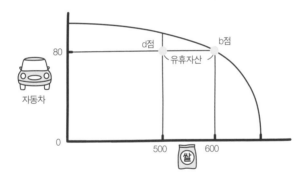

5 또한 기술혁신 등으로 생산가능성 프론티어가 그래프 바깥으로 이동하는 것을 '경제성장'[p.140]이라 한다.

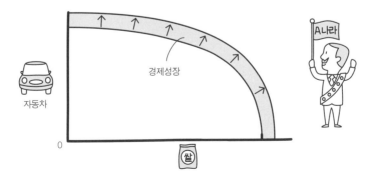

25. 미시경제학 Microeconomics

가계[p.19]나 기업[p.52] 같은 작은 단위의 행동과 의사결정을 다루는 경제학[p.12]이다. 다양한
상품[p.13]을 얼마나 생산하고, 어떻게 가격[p.100]이 결정되며, 어떻게 배분할지, 의사결정은
어떻게 이루어지는지 등을 분석한다.

26. 거시경제학 Macroeconomics

국가 또는 지역 전체와 같은 큰 관점에서 소비와 투자는 어떻게 정해지는지, 정부의 역할은
무엇인지 같은 경제의 작동 원리를 분석하는 학문을 말한다.

Microecono

미시경제학

2장

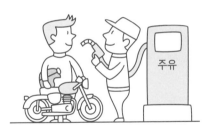

1. 수요와 공급 Demand & Supply

"옥수수와 토마토 같은 농산물 가격은 왜 여름에 하락할까?"
"그림의 가격이 화가 사망 후 상승하는 까닭은?"
이러한 의문은 수요와 공급[p.34]의 관계로 설명할 수 있다. 원래 가격[p.100]은 다음과 같이 결정된다고 여긴다. 구매자는 조금이라도 싼 가격에 사려 하고 판매자는 조금이라도 높은 가격으로 팔려 할 것이다.

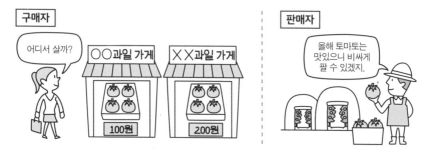

가격은 수요(구매자)와 공급(판매자)이 만나는 곳, 즉 수요곡선[p.37]과 공급곡선[p.38]이 교차하는 곳에서 결정된다.

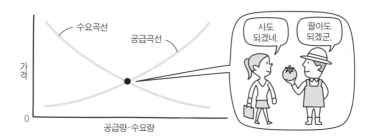

농작물은 여름에 팔고자 하는 사람이 증가(공급 증가)한다. 또한 화가가 사망하면 그 화가가 그린 그림은 더 이상 나오지 않는다(공급 중단).

가격의 변화는 이러한 수요와 공급의 증감에 의해 발생한다.

2. 수요 Demand

재화와 서비스[p.13]를 구입하고자 할 뿐 아니라 그에 따른 대금을 지불할 의사와 능력이 있는 것.

3. 공급 Supply

판매자가 판매를 목적으로 시장[p.20]에 내놓은 재화·서비스[p.13] 또는 그 수량을 가리킨다.

4. 수요의 법칙 Law of Demand

소비자가 재화나 서비스 구입 시 가격[p.100]이 변하면 구매 수량도 변한다.

이렇게 가격이 오르면 구입을 줄이고 가격이 내려가면 구입량이 증가한다.
즉, 수요와 가격은 반비례 관계에 있다.

5. 공급의 법칙 Law of Supply

생산자(공급자)는 생산(공급)하는 상품과 서비스의 가격[p.100]이 변화하면 생산(공급)량을
변화시킨다.

● 한 음식점에서 시급 1만 원, 1일 2시간의 아르바이트를 하는 A씨의 경우

가게에 손님이 많아 인력이 부족하자,
시급 1만 5,000원에 3시간 일하기로 했다.

가게에 손님이 없어 시급을 5,000원으로 줄이자,
아르바이트를 줄이고 공부 시간을 늘렸다.

이렇게 재화나 서비스(위의 경우 노동력이라는 서비스)의 가격이 오르면 공급량을 늘리려 하
고 떨어지면 줄이려고 한다. 즉, 공급량과 가격은 같은 방향으로 움직인다.

6. 수요곡선 Demand Curve

특정 가격[p.100]에 대한 수요[p.35]가 어느 정도인지를 그래프로 나타낸 것이다. 특정인의 수요를 나타낸 그래프를 '개별수요곡선'이라고 한다.

⬤ 사과 값이 변하면 구입량은 어떻게 바뀔까?

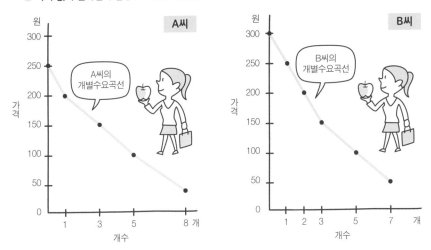

한편 특정 재화와 서비스[p.13]의 구입에 관심 있는 모든 사람의 수요량을 나타낸 그래프는 '시장수요곡선'이라고 한다. 여기서는 시장에서 사과를 살 의사와 능력이 있는 것이 A씨와 B씨뿐이라고 가정한다.

⬤ 사과 값이 변하면 구입량은 어떻게 바뀔까?

가격	A씨 ➕	B씨 ⚌	시장
300원	0	0	0
250원	0	1	1
200원	1	2	3
150원	3	3	6
100원	5	5	10
50원	8	7	15

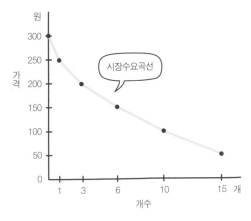

가격이 하락하면 수요가 증가하므로 수요곡선은 오른쪽으로 기우는 그래프다.

7. 공급곡선 Supply Curve

특정 가격[p.100]에 공급[p.35]이 얼마나 되는지를 그래프로 나타낸 것이다. 특정 기업의 공급을 나타낸 그래프를 '개별공급곡선'이라고 한다.

● 사과 가격이 변할 때 사과를 생산하는 C사와 D사의 공급량은 어떻게 변할까?

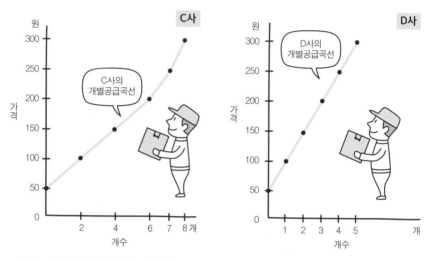

또한, C사, D사 이외에도 사과를 생산하는 모든 회사의 공급량을 나타낸 그래프를 '시장공급곡선'이라고 한다. 여기서는 시장에서 사과를 생산하는 의사와 능력이 있는 것은 C사와 D사뿐이라고 가정한다.

● 사과의 가격이 변하면 공급량은 어떻게 바뀔까?

가격	C사 ✚	D사 ═	시장
300원	8	5	13
250원	7	4	11
200원	6	3	9
150원	4	2	6
100원	2	1	3
50원	0	0	0

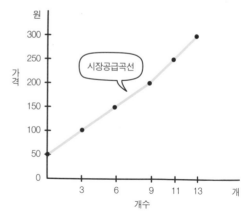

가격이 오르면 공급량이 증가하므로 공급곡선은 오른쪽 위로 올라가는 그래프가 된다.

8. 수급 균형(균형점)
Equilibrium of Demand & Supply

시장경제 아래에서는 재화·서비스[p.13]의 공급량과 수요량이 일치하는 곳에서 가격[p.100]이 안정되는데, 그 두 양의 교차점이 균형점이다.

● 사과의 시장수요곡선

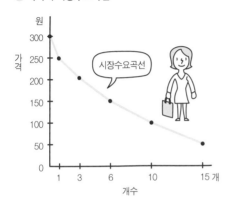

● 사과의 시장공급곡선

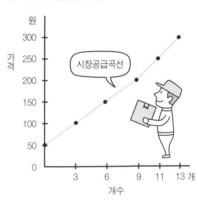

● 이 2개의 곡선을 겹쳐 놓으면 수급 균형점은 화살표 지점이 된다.

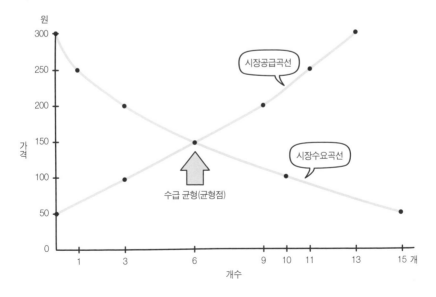

9. 수요탄력성 Demand Elasticity

가격[p.100]의 변화에 따라 수요량이 어떻게 변화하는지 가리키는 용어다. 소비자가 가격 변화에 얼마나 민감한지 알아볼 때 사용한다.

● 수요가 탄력적

● 수요가 비탄력적

● 귤은 탄력적일까, 비탄력적일까?

귤의 대체재[p.49]는 많기 때문에, 소비자는 가격에 민감.

귤은 탄력적

● 소금은 탄력적일까, 비탄력적일까?

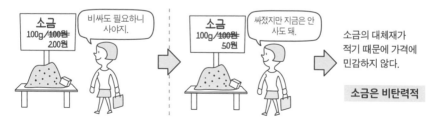

소금의 대체재가 적기 때문에 가격에 민감하지 않다.

소금은 비탄력적

10. 공급탄력성 Supply Elasticity

가격[p.100]의 변화에 따라 공급량이 어떻게 변화하는지 가리키는 용어. 생산자가 가격 변화에 얼마나 민감한지 알아볼 때 사용한다.

● 공급이 탄력적

● 공급이 비탄력적

● 이삿짐센터 아르바이트는 탄력적일까, 비탄력적일까?

봄

가격에 민감하게 공급량(인력)이 늘어났다.

이삿짐센터 아르바이트는 탄력적

● 배추는 탄력적일까, 비탄력적일까?

가을

씨 뿌리고 수확하는 데 시간이 걸려 공급량을 쉽게 늘릴 수 없다.

배추는 비탄력적

11. 단위 탄력적 Unit Elastic

수요[p.35]의 변화 비율이 가격[p.100]의 변화 비율과 비슷할 때 수요가 단위 탄력적이라 말한다.

① 가격이 10% 하락하면….

② 수요가 10% 증가했다.

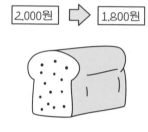

위의 경우, 빵의 수요가 단위 탄력적이라고 말한다.

12. 한계효용 Marginal Utility

'한계'는 '지금을 기준으로 어떻게 변했나?'라는 뜻. 재화나 서비스[p.13]를 구입함으로써 얻게 되는 유용성이나 만족도를 효용이라고 한다.

① 주스 첫 잔째

아주 맛있어.

만족도 100
(한계효용 100)

② 주스 두 잔째

맛있어.

만족도 170
(한계효용 70 = 170-100)

③ 주스 세 잔째

이제 별로야.

만족도 220
(한계효용 50 = 220-170)

즉, 어떤 재화나 서비스를 1단위 구입함으로써 얻게 되는 추가적인 유용성이나 만족도를 한계효용이라고 한다.

13. 한계효용 체감의 법칙
Law of Diminishing Marginal Utility

1단위 증가할 때마다 얻게 되는 만족도(한계 효용)[p.42]가 감소(체감)하는 법칙.

① A씨는 목이 말라서 오렌지 주스를 마시고 싶다.

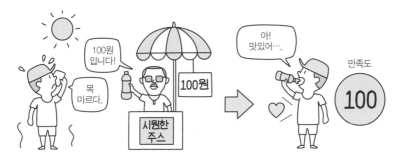

② 목을 축였기 때문에 두 번째 주스는….

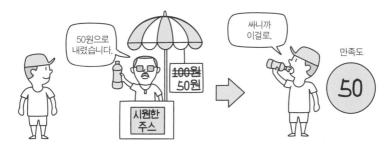

③ 주스를 두 잔 마시고 갈증이 해소되었을 때는….

일반적으로 소비자는 '한계효용>가격'인 한, 재화나 서비스[p.13]를 계속 구입한다.
반면에 '한계효용=가격'이 되는 시점부터는 재화나 서비스를 추가로 구입하지 않는다.

14. 한계비용 Marginal Cost

기업이 생산을 1단위 늘렸을 때 비용[p.25]이 얼마나 늘어나는지를 나타낸 것.
철을 만드는 기업을 생각해 보자.

① 철을 만드는 데는 고로 등 설비에 관련된
감가상각비[p.65]가 소요된다.

② 원자재비도 소요된다.

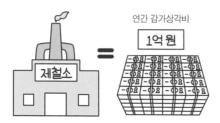

연간 감가상각비
1억 원

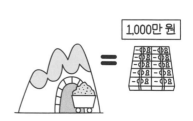

1,000만 원

③ 만약 철을 2단위 만들면 다음과 같이 비용이 소요된다. 설비에 관련된 감가상각비 1억 원은 생
산량에 관계없이 발생한다. 이것을 고정비[p.60]라고 한다. 고정비는 철을 2단위 만들든 10단위
를 만들든 변화하지 않는다.

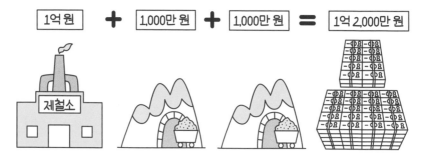

1억 원 ＋ 1,000만 원 ＋ 1,000만 원 ＝ 1억 2,000만 원

④ 한편 생산량이 늘면 원자재비는 증가한다. 이를 변동비[p.61]라고 한다. 즉, 철의 제조를 1단위에서
2단위, 2단위에서 3단위로 늘리면 1,000만 원씩 추가 비용이 필요한데, 이 비용이 한계비용이다.

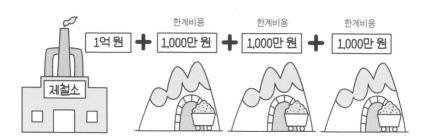

1억 원 ＋ 한계비용 1,000만 원 ＋ 한계비용 1,000만 원 ＋ 한계비용 1,000만 원

15. 소득효과 Income Effect

가격[p.100]의 변화에 따라 소비자의 실질소득이 바뀌면서 수요량에 변화를 미치는 효과.

① A씨는 매달 쌀 20kg을 1만 원에 사고 있다.

② 쌀의 가격이 10% 오르면 1만 1,000원 내고 20kg의 쌀을 구입해야 한다.

③ 소득이 변하지 않으면 오른 1,000원만큼 다른 지출을 절약해야 한다.

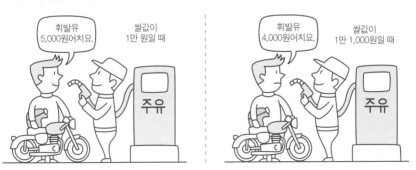

즉, 쌀의 가격 상승으로 실질적으로 1,000원의 소득이 감소하고, 이는 다른 재화나 서비스(이 경우 기름)의 소비(수요)를 줄이는 효과를 가져온다.

16. 대체효과 Substitution Effect

재화나 서비스[p.13]의 상대적 가격이 변해 수요량을 변화시키는 것을 가리킨다.

① 쌀을 1만 원 내고 20kg 샀는데, 쌀값이 10% 올랐다.

② 쌀값은 올랐는데 빵값은 변하지 않았다. 그러자 빵값이 싸게 느껴졌다.

③ 그래서 쌀값 1만 원 중 일부를 빵 구입으로 대체한다.

쌀의 가격[p.100]이 오르면 쌀 구매량(수요)이 감소하고 상대적으로 싸진 빵의 구매량(수요)을 늘린다. 이것이 대체효과다.

17. 우등재(상급재) Normal Goods

예산과 소득이 늘면 살 기회가 늘어나는 경향이 강한 상품.

1 명품 옷과 가방과 신발 등은….

2 예산이나 소득이 늘면 살 기회도 는다.

3 예산과 소득이 늘면 수요량이 증대하고 수요곡선[p.37]은 더 바깥(오른쪽)으로 이동한다.

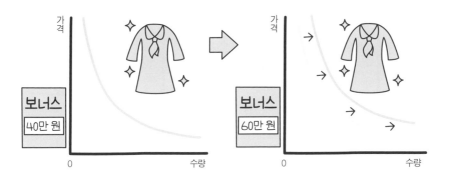

18. 열등재(하급재) Inferiority Goods

예산과 소득이 늘면 살 기회가 줄어드는 경향이 강한 상품.

1 중고 명품 옷과 가방과 신발 등은….

2 예산과 소득이 늘면 살 기회가 줄어든다.

3 예산이나 소득이 늘면 수요가 감소하고, 수요곡선[p.37]은 더 안쪽(왼쪽)으로 이동한다.

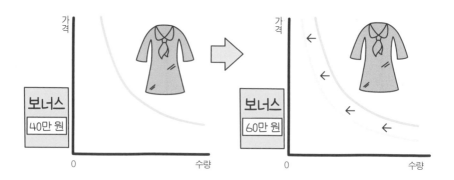

19. 대체재 Substitute Goods

비슷한 성격의 재화와 서비스[p.13]의 경우, 한쪽 수요[p.35]가 증가하면 다른 쪽 수요가 감소하는 경향이 있다면, 양자를 대체재라고 부른다.

① 버터의 가격이 상승하자….

② 사람들은 버터의 구입을 줄이고 상대적으로 저렴한 마가린을 구입한다.

③ 즉, 버터와 마가린은 대체 관계에 있으므로, 대체재다.

20. 기펜재 Giffen Goods

가격이 하락(상승)하면 수요가 감소(증가)하는 재화.

영국의 경제학자 로버트 기펜Robert Giffen(1837~1910)이 19세기 아일랜드 기근 때 가격과 수요의 관계를 보고 발견했다.

① 감자를 주식으로 하는 가난한 나라에서 감자의 가격이 하락하여 다른 식품 가격보다 상대적으로 낮아졌다.

② 그러자 그 나라 사람들은 감자의 소비량(수요)을 늘리고자 했다(대체효과[p.46]).

③ 그러나 감자의 가격이 하락했기 때문에 고기나 밀가루 등 다른 식품을 구입할 여력이 생겨(소득효과[p.45]) 더 비싼 다른 식품의 구입량(수요)이 증가한다.

④ 대체효과로 감자의 소비량이 증가하는 것보다 소득효과로 감자의 소비량이 감소하는 부분이 커져, 대체효과와 소득효과를 합산하면 전체 감자 소비량은 감소한다.

소득효과[p.45]에 의해서 소비량이 감소하는 재화는 열등재[p.48]이며, 기펜재는 열등재 가운데 일부이다.

21. 보완재 Complementary Goods

함께 소비하는 성질의 재화와 서비스[p.13]에서, 한쪽 수요[p.35]가 증가하면 다른 쪽 수요도 증가하는 경향이 있는 상품과 서비스.

● 컴퓨터와 소프트웨어는 보완재다.

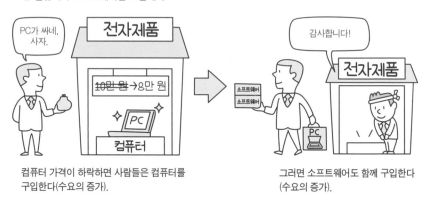

컴퓨터 가격이 하락하면 사람들은 컴퓨터를 구입한다(수요의 증가).

그러면 소프트웨어도 함께 구입한다 (수요의 증가).

22. 기업 Enterprise

영리를 목적으로 시장에서 재화나 서비스의 생산 및 판매를 실시하는 경제주체[p.21].

23. 한계생산물 Marginal Product

한 가지 생산요소의 투입량을 1단위만큼 변화시켰을 때 추가적으로 생산되는 생산물의 증가량.

1 둘이서 옷을 만들면 1개월에 10장 생산할 수 있다.

2 3명으로 늘 경우 1개월에 18장 생산할 수 있게 된다.

3 1명(1단위)이 늘어나면 생산량이 10장에서 18장이 되므로, 한계생산물은 18장-10장=8장이다.

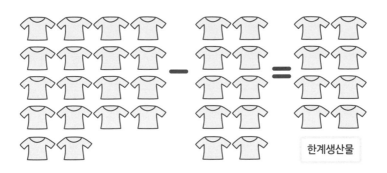

한계생산물

24. 생산의 3단계
Three Stages of Production

한계생산물[p.53]이 어떻게 변화하느냐에 따라 생산 시 최적의 투입량이 결정된다. 투입량을 바꾸면서 한계생산물에 변화가 생기고 그 변화의 종류에 따라 생산을 3단계로 나눌 수 있다.

① ① '수확 체증'의 단계는 한계생산물이 증가하는 국면. 투입량을 늘리면 한계생산물이 늘어나고, 전체 생산량도 늘어나는 상태.

② 따라서 기업[p.52]은 생산량을 늘리기 위해 투입량을 늘린다.

③ ② '수확 체감'의 단계는 한계생산물이 감소하는 국면. 투입량을 1단위 증가시킬수록 한계생산물은 감소하지만, 전체 생산량은 증가하는 상태.

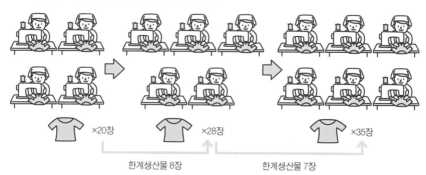

4 다시 말해, 투입량을 늘리면 생산량은 늘어나지만 그 증가 속도가 점점 둔해지는 상태.

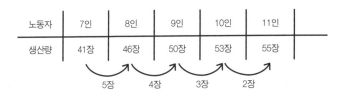

노동자	7인	8인	9인	10인	11인	
생산량	41장	46장	50장	53장	55장	

5장 4장 3장 2장

5 ③ '손실 발생' 단계는 한계생산물이 마이너스가 되는 국면. 1단위 투입량을 늘릴 때 생산량이 오히려 줄어드는 상태.

사람이 너무 많아서 효율이 나빠요.

음….

6 한계생산물은 마이너스, 생산량은 감소한다. 즉, 투입을 늘려도 생산량이 증가하기는커녕 오히려 감소하므로 이런 경우, 기업은 투입량을 늘리지 않는다.

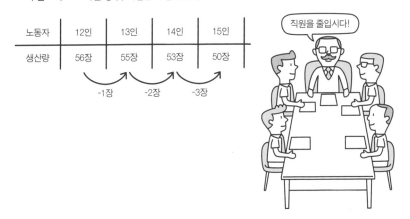

노동자	12인	13인	14인	15인
생산량	56장	55장	53장	50장

-1장 -2장 -3장

직원을 줄입시다!

25. 한계생산 체감의 법칙
Law of Diminishing Marginal Productivity

생산요소[p.15]의 투입량을 증가시키면 생산량은 늘어나지만 1단위 증가에 따른 증가폭은 점차 작아진다는 법칙.

① 인쇄기가 1대인 인쇄 공장이 있다.

② 노동자가 1명인 경우 작업을 혼자 하기 때문에 하루에 100장밖에 인쇄할 수 없다.

● 인쇄판 만들기　　　　● 기계 이동　　　　● 종이 자르기

③ 노동자가 둘이면 이 공정의 분업이 이루어져 하루에 300장을 인쇄할 수 있다. 즉, 1명(1단위)이 늘면서 200장을 더 찍을 수 있다.

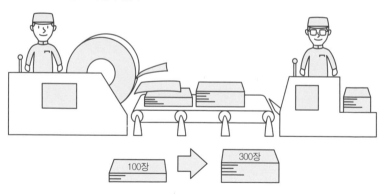

100장　➡　300장

4 3명이 된 경우 완전 분업 체제가 이루어져 하루에 600장을 인쇄할 수 있다. 즉, 1명이(1단위) 늘면서 300장을 더 찍을 수 있다.

5 그러나 4명이 되면 분업 체제가 완성되어 있기 때문에, 사무 작업을 전담시키게 된다. 생산량은 700장으로 늘었지만, 1명이 늘었는데 증가량은 100장밖에 안 된다.

6 이어 5번째 인력을 뽑아 공장 청소나 정리를 맡긴다. 효율성이 올라 생산량은 750장으로 늘지만 1명(1단위)이 늘어났는데 증가량은 50장밖에 안 된다.

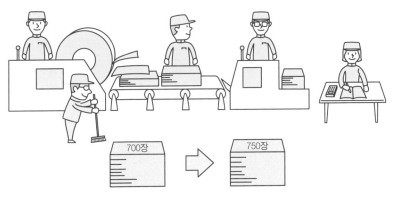

이렇게 4번째와 5번째 노동자가 증가함에 따라 생산량도 증가하나, 증가폭은 점차 작아지는 현상을 가리킨다.

26. 생산함수 Production Function

다른 투입량이 일정할 때 하나의 투입량 변화에 따른 생산물의 변화 관계를 나타낸 것.

① 노동자도 제로, 생산물도 제로.

② 노동자 1인이 옷 두 벌을 생산.

③ 노동자 2인이 옷 다섯 벌을 생산.

1명 늘리면 생산량이 세 벌 늘어난다.

27. 한계분석 Marginal Analysis

비용 대비 효과 분석의 일종으로, 투입 물량이 1단위 늘어났을 때의 추가 이익과 비용을 이용한 분석 방법. 평균치를 취하거나 증가율을 사용하는 등의 분석 방법이 아니라 1단위의 변화에 주목한 분석.

● 빵 가게에서 제빵사를 1명(1단위)씩 늘릴 경우.

1명의 제빵사를 늘릴 때 이익이나 비용이 어떻게 바뀔까?

28. 비용곡선 Cost Curve

기업의 생산량과 생산 비용의 관계를 나타낸 그래프로, 양측의 관계를 나타낸 것을 비용 함수라 한다.

● 예를 들어 제빵 회사가 생산량을 늘리면 다음과 같이 생산 비용이 증가한다.

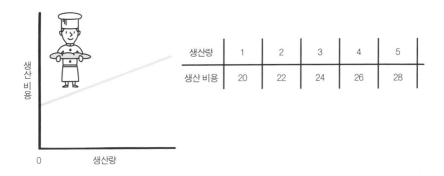

생산량	1	2	3	4	5
생산 비용	20	22	24	26	28

29. 총비용 Total Cost

고정비[p.60]와 변동비[p.61]를 합한 모든 비용.

● 예를 들어 제철 회사의 총비용은 다음과 같다.

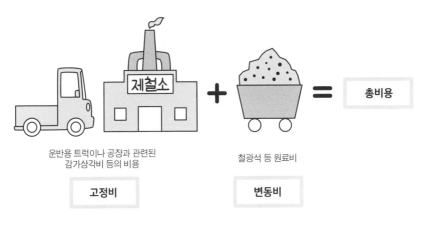

운반용 트럭이나 공장과 관련된   철광석 등 원료비
감가상각비 등의 비용

고정비   변동비   총비용

30. 고정비 Fixed Cost

생산량에 관계없이 고정적으로 발생하는 비용.

① 매출이 갑자기 떨어진다고 해서 종업원을 갑자기 줄이지는 않는다. 그러므로 인건비는 고정비로 본다.

② 공장이나 회사의 기계 및 자동차, 건물 등에 드는 비용도 고정 비용이다. 이들은 장기간 사용하기 때문에 일정 기간에 걸쳐 비용으로 계상한다.

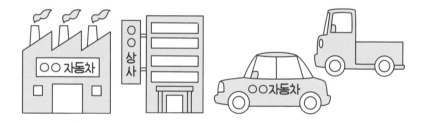

③ 50년 동안 건물의 구입 비용을 분배해서 계상(상각)할 경우 생산량에 관계없이 매년 일정액의 비용을 계상한다. 이것이 감가상각비[p.65]로, 고정비의 대표적인 예다.

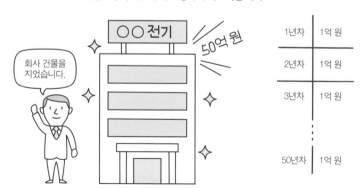

31. 변동비 Variable Cost

생산량에 비례해서 변하는 비용.

1 철강의 원료인 철광석은 철강 생산량에 비례하여 변한다.

철근 2개   철근 4개   철근 6개

철광석 1t   철광석 2t   철광석 3t

2 철강 생산량이 늘어나면 원료 구매 비용도 비례하여 증가한다.

다음에는 2배로

제철소

3 제품인 철강 수송을 위한 운송비 등도 비례하여 증가한다.

다음 달은 트럭 4대로!

제철소

32. 총수입 Total Revenue

기업이 판매하는 제품이나 상품의 단위당 가격에 판매 수량을 곱한 것의 합계이며, 매출을 의미한다.

● 여러 빵을 판매하는 빵 가게의 경우

상품명	가격	✕ 판매 개수 ＝	합계
단팥빵	100원	100개	10,000원
식빵	150원	200개	30,000원
치즈빵	150원	80개	12,000원
잼빵	120원	150개	18,000원
		총수입	70,000원

33. 한계수입 Marginal Revenue

생산량을 1단위 증가시켰을 때 총수익(매출)의 증가분을 가리킨다.

이때 한계수입은 100원이다.

34. 손익분기점 Break-even Point

기업[p.52]이 총비용을 조달하는 데 필요한 총생산량(생산액). 다음과 같이 계산한다.

① 매출, 비용, 이익의 관계는….

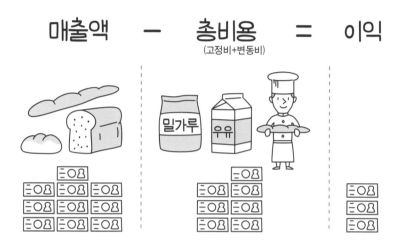

$$매출액 \quad - \quad 총비용 \quad = \quad 이익$$
(고정비+변동비)

② 이 식을 이렇게 바꿀 수도 있다.

$$매출액 - 고정비 - 변동비 = 이익$$
$$매출액 - 변동비 = 이익 + 고정비$$
$$= 한계이익$$

(이익+고정비를 한계이익이라 한다.)

③ 손익분기점은 말 그대로 손익이 0이 되는 곳을 가리키므로, 이익=0을 위의 계산식에 적용하면 손익분기점은 다음과 같다.

$$고정비 = 한계이익$$

따라서 손익분기점은 가변 비용을 회수하고 고정 비용도 회수할 수 있는, 즉 총비용을 회수할 수 있는 생산량(생산액)을 의미하며, 그 지점의 매출액을 손익분기점 매출액이라 한다.

35. 가변비율의 법칙
Law of Variable Proportions

다른 조건이 일정할 경우 한 재화와 서비스[p.13]의 투입량이 변화하면 생산량이 변화한다.

① 양배추 농장을 가진 농부는 양배추의 생산량을 늘리고자 농약 사용을 결정했다.

② 농장에는 3개의 밭이 있고, 모든 밭의 아래 네 가지 조건은 같다.

① 토지 …… 햇볕, 토양, 물

② 날씨 …… 재배 시점의 날씨

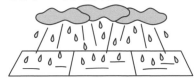

③ 작업 …… 손질 조건

④ 양배추 씨앗 …… 같은 품종

③ 3개의 밭에 농약의 양을 다르게 해서 키운 후 양배추 생산량이 얼마나 변화하는지를 보면 농약의 효과를 측정할 수 있다.

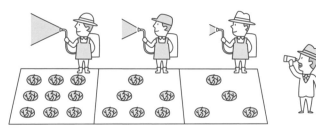

36. 감가상각비
Depreciation & Amortization

건물과 기계 설비 등 기업[p.52]이 장기간에 걸쳐 이용하는 것은 구입한 때(연도)에 전액을 비용으로 계상하는 것이 아니라, 가치[p.16]의 감소에 따라 기간별로 나누어 비용으로 계상하는 것을 말한다.

① 재료비와 인건비 등은 일반적으로 그 기간(연도)에 발생한 분은 그 기간의 비용으로 계상한다.

20XX년도	
원재료비	2억 원
인건비	1억 원
⋮	⋮

② 그러나 건물의 경우는 다르다. 예를 들어 A사가 자사 빌딩을 50억 원 들여서 세웠다고 하자. 50년이라는 사용 기간 동안 매년 같은 금액을 계상하는 방법(정액법)을 채택한다고 하자.

그럼 A사는 매년 1억 원(=50억 원÷50년)을 감가상각비로 계상하게 된다.

2018년도	1억 원
2019년도	1억 원
2020년도	1억 원
⋮	⋮
2068년도	1억 원

실제 감가상각은 그 자산의 내용년수에 걸쳐서 규칙적으로 비용으로 계상한다. 또한 회계상으로는 감가상각비라고 하지만 거시경제학[p.30]에서는 고정자본 감소라는 말이 쓰인다.

※내용년수耐用年數 – 유형고정자산의 효용이 지속되는 기간. 감가상각의 기준이 된다.

37. 이익 최대화 Maximization of Profit

한계수입[p.62]이 한계비용[p.44]과 같게 된 지점에서 이익(이윤)이 최대가 되는 것.

① 한 사과 농가는 사과 1개를 100원에 팔고 있다. 즉, 한계수입이 100원이다.

100원입니다.

② 어느 날, 사과 수확량을 늘리기 위해 아르바이트를 고용했다. 노동시간이 늘었으므로 시간 외 근무 수당 등이 발생했다.

③ 그러자 사과 수확량, 매출액, 비용, 이익과 한계비용이 다음과 같았다.

수확량	매출액	비용	이익	한계비용
200개	20,000원	14,000원	6,000원	
300개	30,000원	16,000원	14,000원	20원
400개	40,000원	19,000원	21,000원	30원
500개	50,000원	24,000원	26,000원	50원
600개	60,000원	34,000원	26,000원	100원
700개	70,000원	45,000원	25,000원	110원

※매출=1개 100원(한계수입)×개수
※한계비용=1개당 비용 증가분(200개에서 300개로 100개 늘어날 경우 비용은
1만 4,000원에서 1만 6,000원으로 2,000원 증가한다. 1개당 비용의 증가분은 2,000원÷
100개=20원, 즉 한계비용은 20원이 된다.)

④ 이 표를 통해 사과를 몇 개 팔면 이익이 가장 클지 알 수 있다. 600개(또는 500개)다.

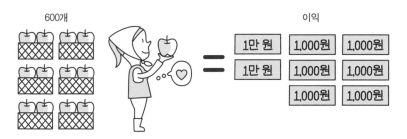

⑤ 600개보다 많이 수확하면 잔업 수당 등의 비용을 지불할 필요가 생긴다. 비용의 증가폭이 매출의 증가폭보다 커져서, 이익은 오히려 감소한다.

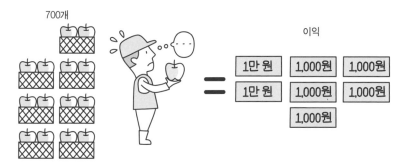

⑥ 따라서 이익을 늘리려면 한계수입이 한계비용과 같아질 때까지 생산을 늘리면 된다.

한계수입
(사과 1개의 가격 = 100원)

||

한계비용
(3만 4,000원-2만 4,000원) ÷ (600개-500개) = 100원

38. 이익 최대화 생산량
Profit-maxing Quantity of Output

한계수입[p.62]이 한계비용[p.44]과 같아졌을 때 이익(이윤)은 최대화된다. 그때의 생산량을 이익(이윤) 최대화 생산량이라 한다.

① 이익 최대화[p.66]의 사과 농가 표를 보면, 이익 최대화 생산량은 어디일까?

수확량	매출액 ━	비용 ═	이익	한계비용
200개	20,000원	14,000원	6,000원	
300개	30,000원	16,000원	14,000원	20원
400개	40,000원	19,000원	21,000원	30원
500개	50,000원	24,000원	26,000원	50원
600개	60,000원	34,000원	26,000원	100원
700개	70,000원	45,000원	25,000원	110원

② 수확량이 500개면, 한계수입이 100원, 한계비용이 50원이므로, 두 값이 같지 않다.

③ 수확량이 700개면, 한계수입이 100원, 한계비용이 110원이므로, 이것도 같지 않다. 따라서 앞서 본 수확량이 600개인 경우에 이익이 극대화된다.

39. 가격 수용자 Price Taker

시장[p.20]에서 성립된 가격[p.100]을 받아들이고 행동하는 생산자와 소비자를 가리킨다.

1 수많은 생산자와 소비자가 존재한다.

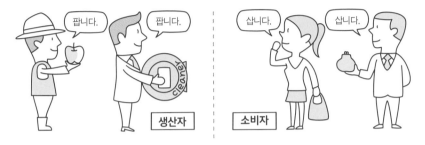

2 개별 생산자와 소비자가 직접 가격을 설정하지 않는다. 구매자가 판매자를 상대로 깎거나 할
수 없다.

3 판매자도 구매자에게 얼마에 팔겠다고 할 수 없다. 이는 완전경쟁 시장[p.70]의 참여자를 가리
킨다.

40. 완전경쟁 시장
Perfectly Competitive Market

수많은 구매자와 판매자에 의해 경쟁이 자유롭게 이루어지는 시장[p.20]으로, 다음 다섯 가지 조건을 충족시키는 것이 필요하다.

① 구매자와 판매자가 다수 존재하며, 어느 특정한 사람이 큰 힘을 가지고 있지 않다.

② 구매자와 판매자가 사려고 하거나 팔려고 하는 재화·서비스[p.13]의 질에 차이가 없다.

③ 구매자와 판매자가 상품과 서비스의 가격에 대해 충분한 정보를 가지고 있다. 정보가 부족해 같은 상품(또는 서비스)을 비싸게 구입하는 일이 없다.

4 구매자는 좋은 상품과 서비스를 사려고 노력하고, 판매자는 자신의 상품과 서비스를 더 팔고
자 독립적으로 행동한다. 가족이나 친구 등의 개인적인 관계로 거래하지 않는다.

5 누구나 자유롭게 시장에 진출하거나 철수할 수 있다.

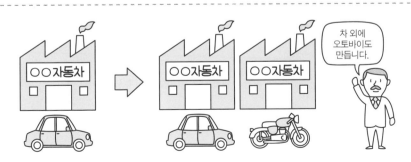

41. 생산자 잉여 Producer Surplus

어떤 물건의 실제 가격[p.100]에서 생산자가 반드시 받아야 한다고 여기는 가격을 뺀 금액. 물건의 실제 가격은 시장[p.20]의 가격이다.

① 한 사과 농가가 사과를 시장에 갖고 갔을 때 실제 시장에서 거래하는 가격이 1개당 100원이라면 100원이 시장가격이다.

② 생산자가 반드시 받아야 한다고 여기는 가격은 사과를 생산하는 데 들어간 비용이다. 인건비와 비료 대금 등 사과나무를 재배하고 수확하는 데 들어간 비용의 합계와 같다.

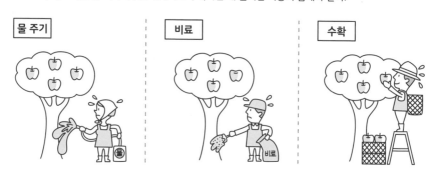

③ 사과 1개당 비용이 60원이라고 하자. 따라서 60원 이상에 판매할 수 있으면 사과 생산자는 팔려고 한다. 그렇다면 생산자 잉여는 다음과 같다.

$$100원 \ (시장가격) - 60원 \ (비용) = 40원 \ (생산자 잉여)$$

즉, 생산자가 얻는 금액에서 생산자가 들인 비용을 뺀 것이 생산자 잉여가 된다.

42. 소비자 잉여 Consumer Surplus

소비자 잉여는 소비자가 이 정도는 지불해도 좋다고 생각하는 가격[p.100]에서 실제 가격을 뺀 금액이다.

① 한 사람이 사과를 1개에 150원이면 살 만하다 여긴다고 하자.

② 가게에서 사과 값이 110원이라면 110원이 시장가격이다. 즉, 양자의 차이, 150원-110원 = 40원이 소비자 잉여라고 할 수 있다.

③ 소비자 잉여는 소비자가 지불하고자 한 가격보다 더 싸게 사서 이득을 얻었다고 느낀 금액이 라고 할 수 있다.

43. 사회적 잉여 Social Surplus

시장[p.20] 전체의 생산자 잉여[p.72] 합계와 소비자 잉여[p.73] 합계를 합친 것. 사회 전체의 잉여인 총 잉여를 말한다.

● 1명의 생산자, 1명의 소비자 잉여가 아니라 사과 생산자 전체의 잉여, 사과 소비자 전체의 잉여를 합한 것.

44. 불완전경쟁 Imperfect Competition

완전경쟁 시장[p.70]의 다섯 가지 조건 중 하나라도 빠진 상황을 가리킨다. 완전경쟁 조건이 모두 모인 경우는 드물다. 불완전경쟁은 독점[p.85], 과점[p.85], 독점적 경쟁[p.86]의 세 가지로 나뉜다.

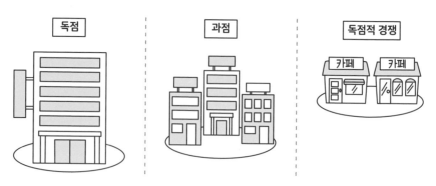

45. 자원 배분 Allocation of Resources

자원은 한정되어 있어 모두가 나누어 써야만 한다. 그것을 자원 배분이라 한다.

① 경제학은 토지와 자본, 노동력, 기업가 등 희소한 생산요소[p.15]를 이용하여 무엇을 얼마나 생산해야 할지 판단하는 학문이다.

② 자유주의 경제에서는 자원 배분이 시장[p.20]을 통해서 이루어진다. 예를 들어 어떤 재화나 서비스[p.13]의 수요가 커서 원하는 사람이 많으면 가격은 상승해서, 구매자는 줄어드는 동시에 판매자는 늘어나 자원을 적절히 배분한다.

③ 한편 수요가 적은 경우는 가격이 내려가면서 반대의 움직임(구매자는 늘고 판매자는 주는)을 촉진시켜 자원을 적절히 배분하게 된다.

이처럼 시장에서는 가격[p.100]이 신호가 되어 자원을 배분하고 있다.

46. 파레토 최적 Pareto Optimum

미시경제학[p.30]의 자원 배분[p.75]에 관한 개념. 어느 한정된 자원을 배분하려고 할 때, 사회 전체의 이익이 극대화하는 배분이 이루어지는 상태를 가리킨다.

이탈리아의 경제학자이자 사회학자인 빌프레도 파레토Vilfredo Pareto(1848~1923)가 제창한 개념.

① 세상에 사과가 6개밖에 없고, 사과를 원하는 사람이 2명 있다고 하자.

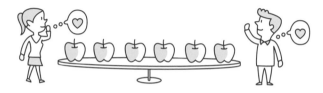

② 사과 6개를 A씨 2개, B씨 2개로 나눈 상태는 파레토 최적이 아니다. A씨, B씨 가운데 한쪽을 희생하지 않고도 다른 사람의 몫을 늘릴 수 있기 때문이다.

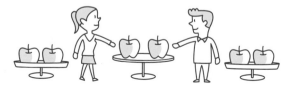

③ A씨 3개, B씨 3개로 나누었다고 하자. 한 사람이 더 가져서 만족도를 높이고자(4개 이상을 갖겠다고) 한다면 상대방 몫을 줄여야만 가능하다. 그러므로 A씨 3개, B씨 3개로 나눈 상태는 파레토 최적이다.

즉, 한 사람의 효용[p.18]과 만족도를 희생하지 않으면 다른 사람의 효용이나 만족도를 높일 수 없는 상태다.

47. 렌트 Rent

'초과이윤'이라고도 한다. 불완전경쟁 상태의 경우 완전경쟁[p.70]에서 얻을 수 있는 이익보다 더 많은 이익을 얻을 수 있다. 이러한 이익의 추가 부분을 가리킨다.

1 일반적으로 동일한 재료를 동일한 기술을 가진 사람이 동일한 생산 설비를 사용하여 생산한 물건을 판매하는 경우 그로부터 얻을 이익은 같기 마련이다.

2 그러나 완전경쟁 시장이 아닌 경우 독점과 규제 등이 존재한다. 불완전경쟁 상태이므로 공급을 줄이고 높은 가격을 실현할 수 있다.

3 그러면 완전경쟁 하에서 일반적으로 얻을 수 있는 이익보다 큰 이익을 얻을 수 있다.

완전경쟁 시장 → 이익 100원 ⎫
불완전경쟁 시장 → 이익 900원 ⎬ 초과이윤 ＝ 렌트

48. 로렌츠 곡선 Lorenz Curve

소득[p.143]과 저축의 격차 등을 제시할 때 사용하는 그래프다.

미국의 경제학자
막스 로렌츠Max Lorenz(1876~1959)로 인해
이렇게 불린다.

① 소득 격차를 나타내는 경우 먼저 가구를 소득이 낮은 순서대로 늘어놓는다. 가로축에 가구의 누적 비율, 세로축에 소득 금액의 누적 비율을 매기고, 가구 간 소득분포를 그래프로 나타낸다.

① 저소득층   ② 중산층   ③ 상류층

② 소득 하위 20%의 가구가 사회 전체 소득의 10%를 차지하는 경우, 그림과 같이 가로축 20%, 세로축 10%가 교차하는 곳에 점을 찍는다.

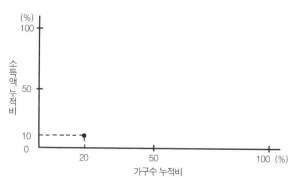

3 마찬가지로 소득 하위 30%의 가구가 사회 전체 소득의 20%를 차지한다면, 가로축 30%, 세로축 20%가 교차하는 곳에 점을 찍는다.

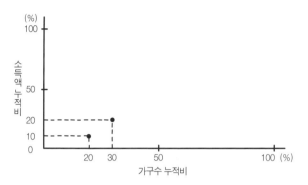

4 그런 방법으로 100%까지 데이터를 그래프로 입력하면, 로렌츠 곡선이 완성된다.

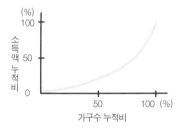

5 만약 소득 격차 없이 모든 가구의 소득이 같다면, 로렌츠 곡선은 45° 각도의 직선이 된다.

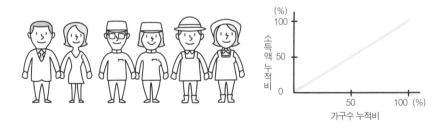

6 소득이나 부의 분포에 치우침이 있는 경우, 로렌츠 곡선은 아래로 불룩한 모양이 된다.

49. 지니계수 Gini Coefficient

소득과 자산의 불평등과 격차를 측정하는 척도의 하나.

이탈리아 통계학자
코라도 지니Corrado Gini(1884~1965)의
이름을 따서 지니계수라고 부른다.

① 로렌츠 곡선[p.78]을 이용하여 산출하며 0에서 1까지의 값을 취하고 소득이나 자산이 평등할
수록 0에 접근, 0이 되면 사람들의 소득과 자산 등이 완전히 평등하게 된다.

② 반대로 소득이나 자산이 불평등하면 1에 가까워, 1이 되면 1명이 모든 소득과 자산을 독점한 상
태가 된다.

지니계수 값은 불평등도를 측정하는 지표로 이용하고 있다. OECD(경제협력개발기구)가 소
득 격차의 국제 비교 형태로 각국의 지니계수를 비교하고 있다.

50. 가격 결정자 Price Maker

자신의 이익을 최대화하는 가격(price)[p.100]을 결정할 수 있는 판매자를 말한다. 불완전경쟁[p.74] 상태로 존재하는 경제주체[p.21]가 이에 해당한다.

① 이른바 명품 신발업체 등이 이에 속한다. 이탈리아나 프랑스의 고급 브랜드 신발을 구입하는 여성은 패션과 디자인 또는 브랜드에 대한 동경 때문에 구입하는 것으로 알려져 있다.

② 여러 종류의 신발값을 비교한 결과 고급 브랜드 구두가 싸서 선택한 것이 아니다.

③ 필요하다고 판단하면 한 켤레에 10만 원이건 50만 원이건 판매자가 정한 가격에 구입한다. 이러한 판매자를 가격 결정자라고 한다.

51. 가격 선도자 Price Leader

과점적[p.85] 산업에서 제품의 시장가격을 결정하는 힘 있는 기업[p.52]을 가리킨다.

1 5개 업체가 경쟁하는 오렌지 주스 업계가 있다고 하자.

2 이 업계 매출액 1위는 A사고 이 회사는 오렌지 주스를 1개에 200원에 판매하고 있다.

3 매출액 2위인 B사에서는 오렌지 주스를 198원에 판매하고 있으며, 매출액 3위인 C사는 오렌지 주스를 197원에 판매하고 있다.

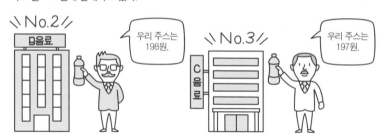

④ B사와 C사는 이 업계의 가격 선도자인 A사의 가격을 보면서 가격을 설정한다.

⑤ B사와 C사는 가격 선도자인 A사보다 높은 가격을 매기기 어렵다.

⑥ B사와 C사는 과감하게 가격을 낮추어 A사의 몫을 빼앗기도 어렵다. 따라서 A사를 보면서 가격을 정하게 된다.

가격 선도자의 가격은 업계 전체의 가격에 큰 영향력을 가지므로 가격 선도자 이외의 경쟁 기업은 이를 따르는 경향이 있다.

52. 독점도(마진율)
Degree of Monopoly

비용에 대해서 가격[p.100]이 얼마나 높게 책정되고, 초과이윤[p.77]을 얻는지 가늠하는 지표.

① 미국의 경제학자 아바 러너Abba Lerner(1903~1982)의 독점도 척도가 유명한데, 다음과 같이 구한다.

$$독점도 = (가격 - 한계비용) \div 가격$$

(마진율)

② '이익 최대화'[p.66]에서 본 것처럼 완전경쟁[p.70] 아래서 기업이 이익(이윤)을 극대화하려면 제품 가격=한계비용[p.44]이 되는 생산량을 선택한다.

제품 가격
1개 100원

생산량	매출 ━	비용 ━	이익	한계비용
400개	40,000원	19,000원	21,000원	30원
500개	50,000원	24,000원	26,000원	50원
600개	60,000원	34,000원	26,000원	100원
700개	70,000원	45,000원	25,000원	110원

③ 그러나 시장가격을 조종할 수 있는 독점기업의 경우, 가격을 인상하기 위해 공급량을 줄이고 초과이윤(=가격-한계비용)을 획득하려고 한다.

컴퓨터를 만들고 있는 회사가 하나밖에 없다면 소비자는 이 회사의 컴퓨터를 선택할 수밖에 없다.

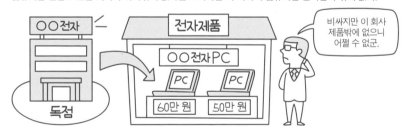

마진율(독점도)이 높으면 독점기업의 가격 지배력이 강하다는 것을 의미하고, 반대로 0에 접근하면 완전경쟁에 가까워졌음을 의미한다.

53. 독점 Monopoly

하나의 판매자가 전체 시장의 움직임을 결정하는 시장 구조를 말한다. 경쟁 상대가 없기 때문에 독점기업은 자사의 이익이 최대가 되는 가격[p.100]과 생산량을 결정할 수 있다.

⬤ 지역 독점의 대표적인 예로 전력 산업을 들 수 있다.

54. 과점 Oligopoly

몇몇 소수의 대기업이 특정 산업에서 큰 영향력을 갖고 있는 산업 구조를 말한다. 서로 협조하면서 자신들의 이익 최대화를 도모하는 경향이 있다.

⬤ 과점 시장의 대표적인 예로 의류용 합성세제 산업을 들 수 있다.

가격은 수요와 공급[p.34]의 균형점보다 높게 유지될 뿐만 아니라, 떨어지기도 어렵다(가격의 하향 경직성). 따라서 과점 시장에서는 가격경쟁이 아니라 디자인, 품질, 기능, 광고, AS 등 비가격경쟁이 활발해진다.

55. 독점적경쟁 Monopolistic Competition

완전경쟁[p.70]의 경우 어느 회사 제품을 사도 마찬가지임이 조건이었다. 반면 완전경쟁처럼 동일한 상품을 생산하는 조건이 아닌 환경에서의 경쟁을 독점적경쟁이라고 한다.

① 완전경쟁 아래서는 생산 조건이 동일하기 때문에 여러 업체가 경쟁을 할 경우 가격이 낮은 쪽으로 수요가 흘러간다.

② 그러나 독점적경쟁에서는 가격뿐 아니라 상품의 차별화 등으로 수요를 끌려고 경쟁한다. 상품의 차별화에는 두 가지가 있는데, 첫째는 실질적으로 질이 다른 것이다. 스포츠 의류를 예로 들어 보자.

많은 회사가 스포츠 의류를 판매하고 있는데….

A스포츠는 다음과 같이 차별화하고 있다.

이처럼 A스포츠는 기능이나 품질 면에서 타사와의 차이를 내세워 고객을 끌고자 한다.

3 또 하나의 제품 차별화는 품질이 다르다는 이미지를 주는 차별화다. 커피숍을 예로 들어 보자.

4 이러한 차별화는 품질, 서비스 외에 특허, 상표, 디자인, 광고 등에 의해서도 발생한다.

즉, 독점적경쟁은 상품 차별화 등을 통해 어느 정도의 독점력을 발휘하면서 경쟁한다.

56. 카르텔 Cartel

독립된 동일 업종의 기업끼리 서로의 이익을 지키기 위해서 판매 가격, 생산량, 판로 등에서 협정을 맺는 것.

① 가령 유리 업계에 A사, B사, C사라는 3개의 회사가 있다고 하자.

② 이 3사가 판매 가격을 올리기 위해 유리 가격을 1장에 1만 원 이하로는 팔지 않기로 물밑에서 논의했다.

③ 이처럼 이익을 보장받기 위해 서로 가격을 내리지 않도록 의논한 경우가 카르텔이다. 이럴 경우 자유로운 경쟁이 제한되고 소비자는 높은 가격으로 유리를 살 수밖에 없다.

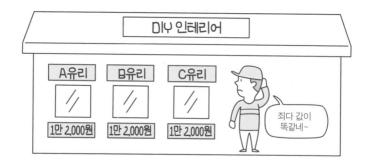

독점금지법_[p.92]은 이러한 카르텔을 원칙적으로 금지하고 있다.

57. 시장의 실패 Market Failure

가격[p.100]의 조정 기능에 의해서 효율적인 자원 배분[p.75]이 이루어지려면 네 가지 조건이 필요하다. 아래의 네 조건 중 하나를 충족하지 못하는 경우를 '시장의 실패'라고 부른다.

① 시장이 완전경쟁 시장이다. 즉, 독점이나 과점 등의 불완전경쟁 시장이 아니다.

② 판매자와 구매자 모두 필요한 정보를 충분히 갖고 있다.

③ 자원의 이동이 자유롭다.

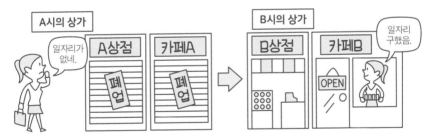

④ 상품과 서비스의 가격이 비용 등을 적절히 반영하고 있다.

빵 200원   재료비 50원   인건비 50원   이익 100원

58. 외부경제 External Economy

어떤 경제활동이 시장[p.20]을 거치지 않고 다른 제3자에게 이익을 주는 것을 말한다.

① 어느 지역에 철도 노선이 연장되어 새로운 역을 만든다고 하자.

② 역 주변에 아파트가 건설되고 주민이 증가함에 따라 원래 자리에 있던 쇼핑몰과 식당은 고객이 늘어나는 혜택을 받았다.

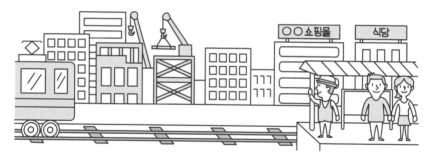

③ 식당 사장은 노선 확장과 역 건설 비용을 부담한 것도 아닌데, 결과적으로 고객이 늘고 매출이 오르는 등의 혜택을 누리게 되었다.

59. 외부불경제 External Diseconomy

외부경제[p.90]와는 반대로 어떤 경제활동이 **시장**[p.20]을 통하지 않고 다른 제3자에게 불이익을 주는 것을 말한다.

① 가령 어느 지역에 철도 노선이 연장되어 새로운 역을 만든다고 하자.

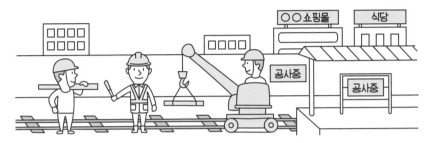

② 주민이 늘어나면서 지역의 편의성이 높아지고 여러 혜택을 받는 사람들이 생긴다(외부경제).

③ 그러나 원래의 주민들에게는 집 근처에 철도가 통과하면서 진동이나 소음 등의 단점이 발생한다.

> 시끄러워서 잠을 잘 수 없어요.

철도 회사에서 대가를 받는 것은 고사하고 결과적으로 부정적인 영향을 받았다. 이런 상태를 외부불경제라 한다.

60. 독점금지법 Antimonopoly Law

자본주의 시장경제에서 독점적, 협력적 혹은 불공정한 행동을 막아 자유로운 경쟁을 촉진하며 사업 활동을 활성화하고 소비자 이익을 보호하는 것을 목적으로 하는 법률을 말한다.

61. 동질재 Homogeneous Capital Goods

어떤 기업[p.52]이든 품질 면에서 동일한 제품을 생산할 수 있어서, 소비자가 어떤 기업이 생산했는지에 대해 무관심한 재화[p.13]를 일컫는다.

62. 차별재 Discrimination Goods

동질재[p.92]와는 반대로, 각 기업[p.52]이 생산하는 재화[p.13]가 기능이나 품질 면에서 같더라도 어떤 기업이 생산했는지에 대해 소비자가 민감하게 인식하는 재화를 가리킨다.

1 4개의 음료 회사가 있다고 하자.

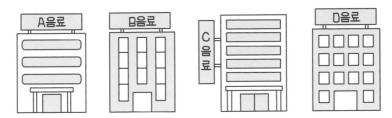

2 네 회사 모두 무설탕 캔커피를 만들고 있다고 한다.

3 네 회사가 모두 무설탕 캔커피를 만들지만 김 씨는 A음료 커피를, 이 씨는 B음료 커피를, 박 씨는 C음료 커피를, 정 씨는 D음료 커피를 즐겨 마신다.

이처럼 같은 제품이라도 맛과 취향, 디자인 등에 따라 다른 것으로 인식되는 재화를 차별재라고 한다.

63. 게임이론 Game Theory

경제사회는 사람들과 기업[p.52]이 일정한 규칙 아래서 자신의 이득을 얻겠다는 목적을 실현하려는 '게임'으로 성립되고, 사람들의 의사결정은 서로 영향을 주면서 결정되는 상황을 수리적 기법으로 분석한 이론.

수학자 존 폰 노이만John von Neumann(1903~1957)과
경제학자 오스카 모르겐슈테른Oskar Morgenstern(1902~1977)의
공저 《게임이론과 경제 행동》(1944)에서 탄생한 이론.

J. V. 노이만

O. 모르겐슈테른

① 어떤 과점 시장[p.85]이 있다고 하자.

② 그 시장에서는 기업들이 어떤 전략으로 행동을 취할지 파악하면서, 자기 제품의 생산량과 가격을 결정한다.

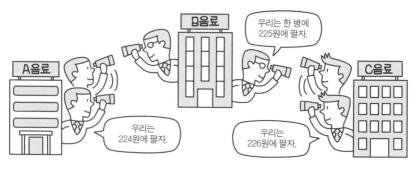

게임이론 중에서는 죄수의 딜레마[p.96]가 유명하다.

64. 내시 균형 Nash Equilibrium

게임이론[p.94] 중에서 비협력 게임의 균형을 의미한다. 모든 행위자가 서로 최적의 전략을 선택하고 안정적인 균형 상태가 되는 것을 말한다.

미국의 수학자 존 F. 내시John Forbes Nash, Jr.(1928~2015)가 고안했다.

① 2013년에 일어난 미국의 셰일 혁명(셰일층에서 석유와 천연가스를 채굴하게 되면서 에너지 가격에 격변을 가져온 것)을 예로 들어 보자. 셰일 혁명으로 원유 수급 밸런스가 무너지면서 유가는 2014년 이후 점차 낮아지고 있다.

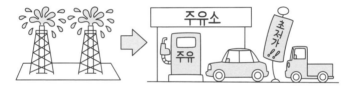

② 산유국 전체의 이익을 생각한다면, 감산을 통해 수요와 공급의 균형을 개선하고 가격을 상승시키는 것이 최선의 선택이다.

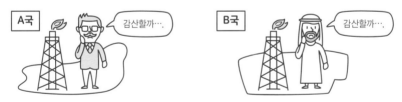

③ 그러나 각국은, 자국이 감산하더라도 다른 산유국이 증산하면 자국 점유율만 떨어질 뿐 자국에 이익이 되지 않는다고 생각해 감산에 나서지 못한다.

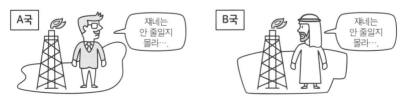

그 결과 원유는 낮은 수준의 가격[p.100]에서 안정적으로 자리 잡게 된다. 내시 균형의 한 사례라고 할 수 있다.

65. 죄수의 딜레마 Prisoners' Dilemma

게임이론[p.94]의 대표적 모델 가운데 하나다. 서로 협력 관계임에도 불구하고 의사소통이 불가능한 상황에 놓이면 서로에게 좋지 않은 배신행위를 선택하게 된다는 모델.

① 어느 날 2인조 강도 혐의로 체포된 A와 B가 각각 독방에 수감되었다.

돈 내놔!

② 형사들은 두 죄수를 각각 다른 방에서 취조하기 시작했다.

③ 형사들은 A와 B에게 각각 이렇게 말했다.

네가 자백하고 상대가
묵비권을 행사하면, 너는 석방되지만
상대는 징역 10년을 받게 된다.
너희 둘 다 계속 묵비권을 행사하면
모두 징역 1년을 받는다.
그리고 둘 다 자백하면
징역 5년에 처해진다.
자, 어떻게 할래?

	묵비	자백
묵비	A도 B도 징역 1년	A는 징역 10년, B는 석방
자백	A는 석방, B는 징역 10년	A도 B도 징역 5년

④ A와 B에게 이런 조건이 주어졌을 때 2명의 형을 가볍게 하기 위해서는 둘 다 묵비권을 행사하는 것이 최선의 선택이다.

⑤ 그러나 서로 의사소통이 되지 않는 환경에서는 상대가 배신하고 자백하는 상황을 염려한 나머지 둘 다 징역 5년을 사는 자백을 선택하는 딜레마가 발생한다.

이처럼 죄수의 딜레마는 자신의 이익만을 추구하는 것이 전체적으로 봤을 때 반드시 합리적인 선택으로 이어지지 않음을 보여 주는 대표적인 모델이다.

66. 포크 정리 Folk Theorem

비협력 게임의 경우는 '죄수의 딜레마'[p.96]처럼 자신의 이익을 우선하여 전체에 최적의 선택이 되지 않는 경우가 많다. 그러나 이 게임을 반복하면 서로 협력하는 상황이 발생함을 보여주는 것이 포크 정리다.

① 일회성 게임에서는 서로가 자신의 이익을 우선한다.

② 게임을 거듭하면 상대가 협력하는 한 협력을 계속한다. 상대가 협력하면 나도 협력, 상대가 비협력적이면 나도 비협력적인 과정을 거친다.

③ 그러다 보면 결국 함께 협력하는 상태가 지속된다.

'죄수의 딜레마' 게임의 경우도 반복하다 보면 과거의 행동을 바탕으로 전략적 선택을 취하기 때문에 둘 다 자백하지 않는 최적의 선택에 도달하게 된다.

67. 시장의 외부성 Outside of The Market

시장의 실패[p.89] 중 하나로, 재화나 서비스[p.13]의 가격[p.100]이 비용 등을 적절히 반영하지 못하는 경우를 말한다. 외부경제[p.90]와 외부불경제[p.91]가 있다.

외부경제는 시장을 거치지 않고 다른 제3자에게 이익을 주고, 외부불경제는 시장을 거치지 않고 다른 제3자에게 불이익을 주는 것을 말한다.

68. 생산이론 Production Theory

생산요소[p.15]와 재화·서비스[p.13] 등 산출물과의 관계를 다루는 이론이다.

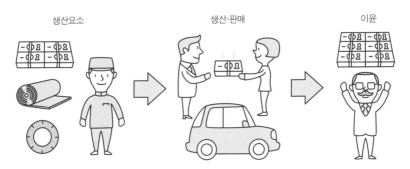

생산은 기업의 활동을 의미한다. 기업은 자원과 노동력, 자본 등의 생산요소를 투입해서 재화나 서비스를 생산·판매하고, 그 성과인 이윤이 최대가 되도록 활동한다.

69. 가격 Price

재화와 서비스[p.13]의 화폐 가치. 시장경제 경쟁에서는 수요와 공급[p.34]의 균형점에서 가격
이 결정되기 때문에 관리 비용이 들지 않고 중립적이고 공정하다는 특징이 있다.

① 가격은 그 값이라면 누구나 팔거나 살 만한 상태로 생산자와 소비자를 연결하고 재화·서비스를
배분하는 역할을 한다.

② 또 환경이 변화해도 가격 변동을 통해서 소비자는 비싸면 사지 않고 생산자는 비쌀 때 더 팔려
하면서 수요와 공급에 영향을 줌으로써 양측은 서로를 조정하는 기능을 가진다.

70. 시장균형 Market Equilibrium

시장경제에서 재화·서비스[p.13]의 공급량과 수요량이 같은, 가격[p.100]이 안정된 상태.

71. 자유방임주의 Laissez-faire

'레세 페르'는 프랑스어로 '내버려두다'라는 뜻으로, 보통 '자유방임주의'라고 한다.

영국의 경제학자
애덤 스미스Adam Smith(1723~1790)[p.254]의
저서 《국부론》에서 언급된 주장.

1 국민경제에 대한 정부의 통제와 간섭을 배제하고 개인과 기업의 경제활동은 자유경쟁에 맡겨
운영해야 한다는 개념이다.

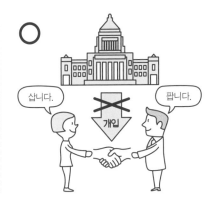

2 정부의 역할은 사유재산 보호, 계약 이행, 분쟁 해결 등 사회의 안전과 자유를 확보하는 활동만
으로도 충분하다고 자유방임주의자들은 주장한다.

72. 야경국가
Night-Watchman State

정부는 사회의 안전과 자유를 확보하기 위해 필요한 최소한의 역할만 수행하면 된다는 자유주의 국가관이다.

독일의 사회주의자
페르디난트 라살레Ferdinand Lassalle(1825~1864)가
《노동자 강령》(1862)에서 당시 영국 부르주아지의
자유방임주의 국가관을 비판하면서 사용한 말.

① 정부의 역할은 시민사회의 질서를 유지하기 위해서 사유재산을 보호하거나 계약이 이행되고 있는지 확인하고, 분쟁을 해결하거나 나라를 지키는 등의 최소한의 임무에 국한된다.

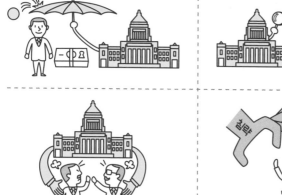

② 국가가 적극적으로 시민의 삶에 관여하고 국가의 역할을 다하고자 하는 복지국가론은 정반대의 개념이라 할 수 있다.

73. 피구세 Pigovian Tax

외부불경제[p.91]가 발생하는 경우 이를 바로잡기 위해 기업[p.52] 등의 경제주체[p.21]에 부과하는 세금을 말한다.

영국의 경제학자
아서 피구Arthur Cecil Pigou(1877~1959)의
이름을 따서 피구세로 불린다.
지구온난화 대책의 일환으로 유럽 등에서 도입된
환경세는 피구세의 개념에 기초하고 있다.

1 환경문제를 예로 들면, 기업에 환경세를 부과함으로써 기업의 생산 활동에 필요한 비용에 환경세가 추가된 만큼 생산비용이 상승한다.

103

2 생산 활동이 억제되어 기업의 경제활동에 필요한 비용(사적 한계비용)과 사회적 부담액인 사회적 한계비용과의 격차가 시정된다(한계비용[p.44]).

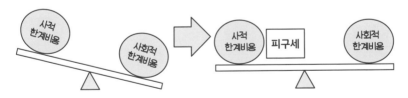

즉, 피구세는 사적 한계비용과 사회적 한계비용의 차액분을 메우기 위해서 경제활동에 세금을 부과하는 것이다.

74. 공공재 Public Goods

'시장의 실패'[p.89]에 나오는 재화나 서비스[p.13]의 하나로, 가격[p.100]의 비용을 부담하는 사람이든 안 하는 사람이든 똑같이 넓은 혜택을 받는 재화나 서비스다. 다음과 같은 것이 이에 속한다.

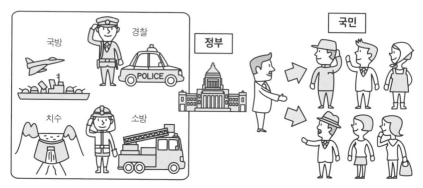

공공재는 1명의 개인이 소비해도 다른 소비자 또한 그것을 소비할 수 있고 다른 사람의 만족과 가치가 줄어들지 않는 재화와 서비스로, 돈을 지불하지 않은 사람에게도 공급한다.

75. 사적재(사유재) Private Goods

소비자가 구입하는 재화와 서비스[p.13]로, 공공재[p.104]와는 반대 개념으로 쓰인다.

공공재와 달리 1명의 개인이 소비함으로써 다른 소비자가 소비할 수 없게 되어 다른 사람의 만족과 가치가 줄어드는 상품과 서비스로, 돈을 지불한 사람에게만 공급하는 재화나 서비스를 말한다.

76. 코스의 정리 Coase Theorem

피구세[p.103]와 달리, 정부가 개입하지 않아도 민간의 자발적인 타협에 의해서 해결된다는 개념.

영국의 경제학자인
로널드 코스Ronald Coase(1910~2013)를 기려
이렇게 부르고 있다.

1 공장에서 유해한 연기를 배출하는 기업과 지역 주민 간의 타협의 경우를 보자.

2 주민의 건강을 생각하면 공장에서 유해한 연기가 사라지는 것이 좋겠지만, 주민 중에는 그 공장에서 일하는 사람도 있고, 공장은 필요하다.

③ 따라서 어디쯤에서 타협할 것인가를 생각한다. 현지 주민들이 맑은 공기를 마실 권리를 가지고 있다면 기업 측은 매연을 배출하는 시간을 줄이거나 유해 연기를 줄이는 장치에 비용을 들임으로써 대응하고자 한다.

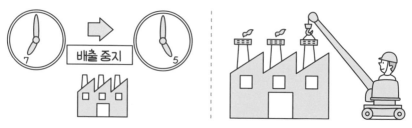

④ 그때, 비용을 최대한 억제하고 생산량을 늘리려는 기업은 주민들이 얼마나 피해를 입고 어디까지 대응 방안을 취하면 주민이 납득할지를 고려해서 적절한 생산량을 모색한다.

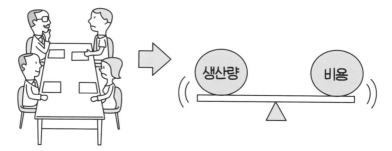

⑤ 주민 측은 기업에 보상금 등을 포함한 최대한의 조치를 요구하면서도, 요구가 과도한 나머지 기업이 공장을 폐쇄하거나 생산량을 대폭 줄이고 직원을 해고하는 사태가 오지 않도록, 절충점을 찾아낸다.

이렇게 양자의 타협을 통해 최적의 자원 배분이 가능하다는 생각이 코스의 정리이다.

6 다만 이 정리가 성립되려면 몇몇 조건이 있다. 첫 번째 단계에서 권리나 의무가 분명해야 한다. 조건이란, 예를 들면 다음과 같다.

• 맑은 공기를 마실 권리가 주민에게 있다.

• 주민이 유해한 연기로 얼마나 피해를 받고 있는지 금액으로 나타낼 수 있다.

• 양측이 부담해야 할 비용을 알고 있다.

• 경제주체의 수(기업이나 주민의 수)가 한정되어 있고, 서로 협상하기 쉽다.

그러나 현실은 권리관계가 분명하지 않은 경우가 많다. 당사자가 많을 때도 있고, 협상을 진행하기 위한 인력과 시간, 예산이 들어가는 등 코스의 정리가 성립되기까지에는 장애물이 적지 않다.

77. 도덕적 해이 Moral Hazard

어떤 거래를 한 후에 일어나는 정보의 비대칭성[p.112]이 만들어 내는 문제 중 하나.

① 자동차보험 시장을 보자.

② 자동차보험에 가입하고 나면 경미한 충돌도 보험이 적용되기 때문에 운전 시 주의를 게을리할 수가 있다.

③ 또 흠집이 생기면 보험으로 수리할 수 있으니 고의로 부딪치는 행동을 취할 위험도 있다.

보험회사는 가입자가 고의로 사고를 저질렀는지 또는 부주의로 사고가 일어났는지 등의 정보를 얻을 수 없다. 이것은 정보의 비대칭성 때문에 생긴 문제다. 이렇게 해서 도덕적 해이가 발생한다.

78. 할인현재가치
Present Discounted Value

장래 특정 시점에서의 가치[p.16]를 현재 가치로 환산한 금액을 말한다. 이는 현재 가치와 장래의 가치가 다르기 때문에 발생한다.

① 가령 현재의 100만 원과 1년 후의 100만 원을 비교했을 때 현재의 100만 원이 더 가치 있다.

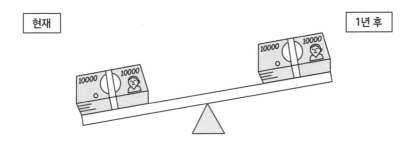

② 현재의 100만 원을 연리 5%의 은행 예금에 맡긴다면 1년 후에는 105만 원이 될 수 있다.

③ 그러나 한편으로는, 1년 후에 갚겠다는 약속을 받고 지인에게 100만 원을 빌려주면 1년 후에 98만 원만 돌려받을 수도 있다.

④ 이처럼 현재의 100만 원은 운용하고 이익을 낼 기회가 있는 반면, 1년 후의 100만 원은 100만 원으로 돌아오지 않을 위험이 있다.

⑤ 따라서 돈의 가치는 미래로 갈수록 작아진다. 그래서 시간 축이 다른 돈의 가치를 비교할 때에는 시간 축을 조정할 필요가 있다.

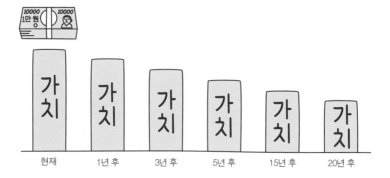

⑥ 현재 100만 원의 1년 후 장래 가치는 ② 의 사례대로 105만 원이 된다. 한편 1년 후의 100만 원이 5%로 운용한 결과라고 보면, 현재 가치는 아래와 같이 계산해 대략 다음과 같은 금액이 나온다.

$$100만 원 ÷ (1+0.05) = 95.2만 원$$

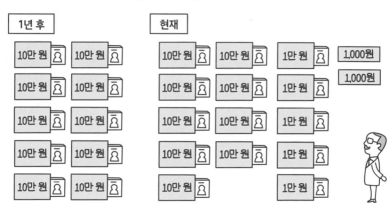

7 장래의 현금이 현재의 얼마에 해당하는지를 알려면 이처럼 이자율로 할인하여 계산하면 된다. 이 이율(여기서는 5%)을 할인율이라 하고, 이렇게 계산된 가치를 할인현재가치(여기에서는 95.2만 원)라고 한다.

5% = 할인율
95.2만 원 = 할인현재가치

8 마찬가지로 2년 후 100만 원의 할인현재가치는 대략 다음과 같은 금액이 된다.

$$100만 원 ÷ (1+0.05) ÷ (1+0.05) = 90.7만 원$$

9 또한 3년 후 100만 원의 할인현재가치는 대략 다음과 같다.

$$100만 원 ÷ (1+0.05) ÷ (1+0.05) ÷ (1+0.05) = 86.4만 원$$

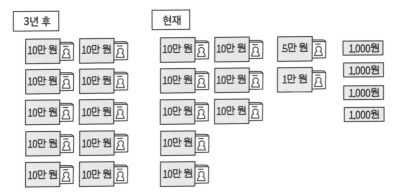

79. 정보의 비대칭성
Information Asymmetry

판매자와 구매자가 가지고 있는 정보가 같지 않은 것. 이에 따라 발생하는 '시장의 실패'[p.89] 상태 가운데 하나를 말한다.

미국의 경제학자인
조지 애컬로프George Akerlof(1940~)가 주장했다.

① 중고차 시장을 예로 들어 보자. 한 중고차 딜러(판매자)는 50만 원의 가치가 있는 중고차와 20만 원의 가치가 있는 중고차를 절반씩 가지고 있다.

② 판매자는 두 종류의 중고차 가치의 차이를 이해하지만 구매자들은 그것을 이해하지 못하는, 즉 정보 격차(정보의 비대칭성)가 발생한다.

③ 그러면 구매자는 어떤 차가 얼마만큼의 가치가 있는지 잘 모르기 때문에, 50만 원의 가치가 있는 차를 사는 것을 주저하고 30만 원 정도의 차를 사려고 한다.

4 판매자는 구매자가 30만 원 정도로 사려 한다면, 20만 원의 차를 30만 원에 팔려 한다.

5 판매자는 고품질인 50만 원의 중고차를 30만 원에 팔아도 이익을 볼 수 없기 때문에 고품질 중고차를 더는 취급하지 않는다.

6 결국 시장에는 낮은 품질의 중고차만 넘쳐 난다.

7 미국의 중고차 업계에서는 불량 중고차를 '레몬'이라 부른다. 그래서 이렇게 정보량에 차이가 있는 시장을 '레몬 시장'이라고 부른다.

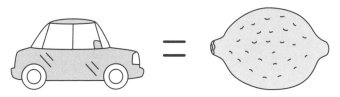

80. 새뮤얼슨 정리
Theorem of Samuelson

개개인이 국가 등에서 공공재[p.104]를 1단위 추가로 공급받기 위해 사적재[p.104]를 얼마나 포기할 의향이 있는지 나타낸 것의 합계. 즉, 사회 전체가 공공재를 얻기 위해 지불하는 금액과 공공재 1단위를 추가로 생산하는 데 필요한 추가 비용의 균형점이 공공재의 최적 공급점이 되는 것을 말한다.

미국의 경제학자인
폴 새뮤얼슨Paul Samuelson(1915~2009)[p.274]이 주장했다.

① 한 나라에서 총 공사비 100억 원의 댐을 건설하는 방안이 제기됐다. 댐을 만들면 물 부족이 해소되고 홍수 대책도 된다. 사회 전체가 100억 원을 지불해도 좋다고 하면 100억 원을 들여 댐을 건설하게 된다.

② 댐 건설 비용을 국민소득에서 세금이라는 형태로 충당하고 부담하면 공공재(이 경우는 댐)는 적절하게 국민에게 공급된다.

③ 국민들은 아래와 같이 댐의 비용을 생각하고 있으며, 공공재 1단위(이 경우 댐 1개)를 만드는 데 각자가 어느 정도까지 부담할지 생각한 금액의 합계액이 최적의 공급점이다.

농업용수를 확보할 수 있으니 10만 원까지는 부담해도 좋아요.

홍수 대책도 되니 50만 원까지는 부담해도 좋아요.

내게 직접적인 영향은 없지만 물 부족에 대비할 수 있으니 3만 원은 부담해도 좋아요.

A씨   B씨   C씨

10만 원+50만 원+3만 원+○만 원+○만 원 ·················· = 합계액이 최적의 공급점

④ 하지만 누가 얼마나 부담할 의사가 있는지 정부가 파악하는 것은 어려운 일이고, 댐이 완성되면 그 댐의 혜택과 효과에서 특정 사람만 배제할 수도 없다.

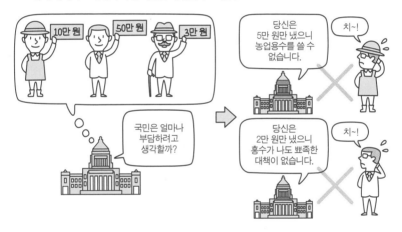

10만 원   50만 원   3만 원

국민은 얼마나 부담하려고 생각할까?

당신은 5만 원만 냈으니 농업용수를 쓸 수 없습니다.   치~!

당신은 2만 원만 냈으니 홍수가 나도 뾰족한 대책이 없습니다.   치~!

⑤ 결국 비용은 부담하지 않고 댐의 장점만 누리려는 무임승차라는 문제가 발생한다.

댐 건설비는 내지 않았지만 농업용수를 쓸 수 있어.

댐 건설비는 내기 싫지만 댐이 생겨 홍수 걱정이 사라졌어.

댐 건설비는 내고 싶지 않지만 댐이 생기니 물 부족은 걱정 없어.

따라서 적절한 비용 부담이 어렵다는 점이 공공재의 적절한 공급을 어렵게 만든다.

81. 수급의 갭 Supply-Demand Gap

수요와 공급[p.34] 사이에 갭(차이)이 있다는 뜻. 공급이 수요보다 클 경우, 물건이 남아돌게 되고 디플레이션[p.159]으로 이어진다.

① 여러 가지 물건이 생산되고 시장에 유통되지만 물건을 구하려는 사람(수요)이 적다.

② 물건이 팔리지 않으므로 공급 측(기업)은 가격을 낮춰서라도 팔려고 한다.

③ 그러면 가격은 내려갈 것이고 기업의 실적은 나빠져 비용을 줄이고자 한다. 공급업체에 가격 인하를 요구하거나 직원의 임금을 삭감하기 때문에 경기가 악화된다.

82. 가격의 자동 조절 기능
Automatic Adjustment Function of Price

시장에서 가격[p.100]이 자동적으로 수요와 공급[p.34]의 양을 일치시키는 기능을 가리킨다.

1 완전경쟁 시장에서 가격경쟁이 이루어지고 있다고 하자.

2 비록 수요와 공급의 균형이 깨졌다고 해도, 수요의 법칙과 공급의 법칙으로 가격이 변화하고 수요와 공급은 일치하는 방향으로 움직인다.

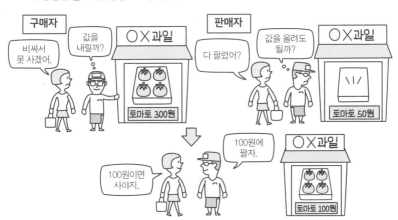

이러한 가격 변화는 시장[p.20]에서 자동으로 이루어진다. 애덤 스미스[p.254]는 시장경제의 이런 기능을 '보이지 않는 손'이라고 표현했다.

83. 시장가격 Market Price

재화나 서비스[p.13]가 거래되는 완전경쟁 시장[p.70]에서 수요와 공급[p.34]의 작동 아래 실제로 형성되는 가격[p.100]을 말한다.

84. 균형가격 Equilibrium Price

완전경쟁 시장[p.70]에서 수요량과 공급량이 같을 때의 가격. 수요곡선[p.37]과 공급곡선[p.38]의 교차점으로 나타난다.

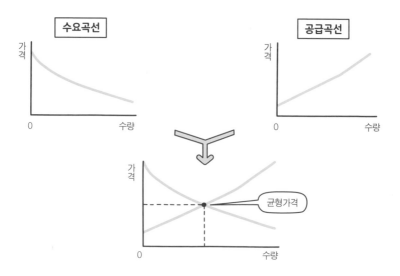

85. 시장 메커니즘 Market Mechanism

완전경쟁 시장[p.70]에서는 수요와 공급[p.34]이 균형을 이루는 지점에서 재화와 서비스[p.13]의 가격[p.100]이 결정되고, 그 가격에 맞춰 공급 측면의 생산과 수요 측면의 소비가 조정된다는 메커니즘.

① 자원은 한정되어 있으므로 어떤 물건을 어느 정도, 어떻게 생산할지를 고려해야 한다.

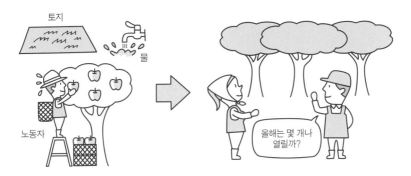

② 파는 쪽에서 보자면 가격이 낮을 때는 출하를 줄이고, 가격이 높을 때는 매출을 올리려고 출하를 늘린다.

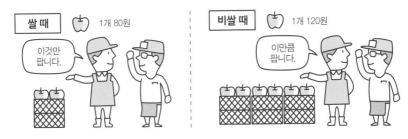

③ 사는 쪽에서는 가격이 비쌀 때는 소비를 줄이고, 가격이 쌀 때는 많이 산다.

그 결과 수요와 공급의 균형 가격이 결정되는데, 가격에 대응하여 판매자는 생산량을, 구매자는 소비량을 조정하게 된다.

Macroecon

Made in Korea

거시경제학

3장

오만원 50000

1. GDP(국내총생산)
Gross Domestic Product

일정 기간 동안 한 나라에서 새로 생산한 부가가치[p.155]의 총계. 그 나라 경제 전체의 성과를 가늠하는 지표다. 국내에서 생산하는 재화나 서비스[p.13]를 대상으로 하므로 그 나라의 국민 및 기업은 물론 그 나라에 거주하는 외국 국적의 사람이나 외국 기업의 경제활동도 포함한다. 한 나라의 경제 성적표라 할 수 있다.

① 다음 네 경우는 GDP에 포함하지 않는다.

② 중간재[p.142]는 GDP에 산입되는 최종 재화를 생산하는 데 쓰인 재료다. 중간재를 제외하지 않으면 GDP에 이중 계산되어 과대 계상된다. 가령 아이스크림 가게가 목장에서 우유를 구입했다고 하자.

3 이 경우 GDP에 산입되는 아이스크림 생산액에서 목장이 아이스크림 가게에 판매하기 위해 생산한 우유는 중간재로 GDP에서 공제된다.

4 다음은 중고품 매매다. 예를 들어 자동차의 경우 중고차 이전의 신차를 생산하는 것은 GDP에 산입되지만, 중고차는 새롭게 생산된 것이 아니기 때문에 산입되지 않는다.

5 셋째, 시장을 통하지 않는 거래다. 가령 주부가 제공하는 가사 서비스 등이 이에 해당한다.

6 마지막으로, 범죄 조직 등의 비합법적 거래다. 예를 들어 마약 매매 등은 지하경제라고 부르며 GDP에 산입되지 않는다.

2. GNP(국민총생산)
Gross National Product

일정 기간 동안 그 나라 국민이 창출한 부가가치[p.155]의 총계다.

① 그 나라 국민이 생산한 부가가치의 총계이므로 어느 나라에서 만들었는지는 중요하지 않다. 가령 해외에서 일하는 자국민이 생산한 부가가치도 포함한다.

② GNP는 GDP[p.122]를 토대로 계산하지만 GDP와 달리 국내에 있는 외국 국적의 사람이나 외국 기업의 경제활동에 의해서 창출된 부가가치는 포함하지 않는다.

GNP에
포함되지
않는다.

3. NDP(국내순생산)
Net Domestic Product

GDP[p.122]에서 고정자본 감소분을 제한 것. 고정자본 감소는 감가상각비[p.65]다. 아래 식으로 나타낸다.

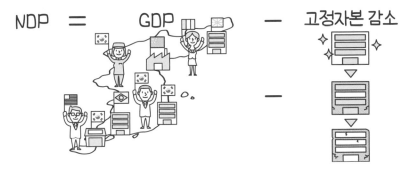

그 나라에서 새롭게 생산한 부가가치를 정확하게 산출하기 위해 설비 등의 가치 감소분인 고정자본 감소를 비용으로 처리해 부가가치액 합계에서 제외한다.

4. NNP(국민순생산)
Net National Product

GNP[p.124]에서 고정자본 감소분(감가상각비[p.65])을 제한 것. 아래 식으로 나타낸다.

한 나라의 국민이 새로 생산한 부가가치를 정확히 산출하기 위해 설비 등의 가치 감소분인 고정자본 감소를 비용으로 처리해 부가가치액 합계에서 제외한다.

5. SNA(국민계정체계)
System of National Accounts

아래 5개 항목으로 구성되어 그 나라의 플로flow[p.128]나 스톡stock[p.128]을 파악한다. 국민경제 전체를 종합적으로 분석하기 위해 모든 경제주체들의 경제활동 결과 및 국민경제 전체의 자산과 부채를 정리한 체계를 말한다. 세계 많은 나라들이 동일한 기준에 따라 SNA를 작성하여 국제적인 비교가 가능하다. 유엔의 권고에 의한 세계 공통의 기준과 개념에 근거해 작성하며 국가경제 전체를 기록하는 포괄적인 체계를 가리킨다.

① 국민소득 통계 …… 일정 기간 내에 새로 생산된 재화와 서비스[p.13]를 파악한다. 중간재를 제외한 부가가치를 집계해서 생산 측면에서 파악하는 방법, 최종 수요를 집계하는 방법, 임금과 이윤 등 소득분배 측면에서 파악하는 방법 등 세 가지가 있다.

② 산업연관표 …… 투입산출표라고도 하고, 투입과 산출을 나란히 표시함으로써 일정 기간 내의 모든 재화·서비스의 생산 및 이용을 파악한다.

판매처 구성 →

투입 \ 산출		중간재			최종 수요				국내생산액 (A+B)
		식료품	의류	계(A)	소비	고정자본 형성	기타	계(B)	
중간투입	식료품	100	10	110	80	20	20	120	230
	의류	20	80	100	70	10	10	90	190
	계(C)	120	90	210	150	30	30	210	420
총부가가치	근로자 소득	60	50	110					
	영업이익	20	30	50					
	기타	30	20	50					
	계(D)	110	100	210					
국내생산액 (C+D)		230	190	420					

비용 구성 ↓

$$A+B=C+D$$

③ 국제수지표 …… 일정 기간 동안 있었던 해외와의 재화·서비스 거래나 소득 거래, 이전 거래 등을 망라한다.

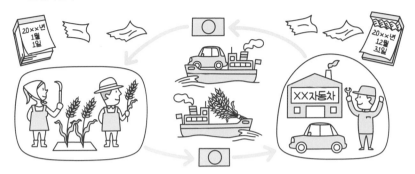

④ 자금순환표 …… 앞의 ① ~ ③ 은 재화·서비스 거래(실물거래)의 설명이지만, 자금순환표는 실물 거래의 이면에 있는 자금의 흐름이나 실물거래와는 독립된 금융거래(차입을 통한 주식 매입 등) 의 흐름을 다룬다. 또한 스톡인 금융자산과 부채 잔액도 다룬다.

⑤ 국민대차대조표 …… ① ~ ③ 은 모두 흐름을 다루는 것이지만, 이 표는 플로[p.128] 거래, 자산 가 격 변동의 결과로 남는 스톡[p.128]을 보여 준다. 금융자산·부채의 대차대조표뿐 아니라 주택, 건 물, 기계 설비, 토지 등 유형자산과 소프트웨어 등 무형자산의 가치가 평가된다.

6. 플로 Flow

경제활동을 통해 일정 기간 동안 산출한 수량을 나타낸 것. 재화와 서비스[p.13]의 흐름을 나타내는 GDP[p.122] 등이 플로의 대표적인 예다.

● 예를 들어 1년간 자동차가 얼마나 제작되었는지, 건물이 세워졌는지, 도로가 건설되었는지 등을 나타낸다.

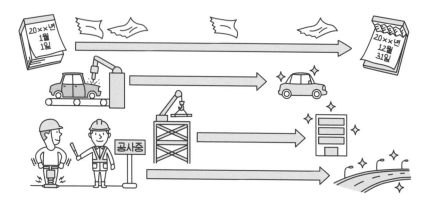

7. 스톡 Stock

과거부터 현재에 이르기까지 플로의 결과, 얼마나 수량이 축적되었는지를 나타낸 것. 국부라고도 하며, 어느 특정 시점의 그 나라의 '얼굴'이다.

● 예를 들어, 매년 어느 시점에 어느 정도 자동차를 보유하고 있는지, 건물이나 도로가 얼마나 있는지 등의 축적 결과를 보여 준다.

8. 명목GDP Nominal GDP

물가[p.134] 변동의 영향을 고려하지 않은 GDP[p.122]를 가리킨다.

① '명목'은 무슨 뜻일까? 예를 들어 귤만 생산하는 나라가 있다고 하자.

② 이 나라에서는 귤을 1개당 100원에 파는데 지난해 귤 생산량이 1,000개라면 이 나라의 GDP는 다음과 같다.

100원 × 1,000개 = 10만 원

③ 그리고 올해는 물가가 20% 오른 탓에 귤 1개가 120원에 팔려 생산량이 120개로 증가했다고 한다. 그러면 올해 이 나라의 GDP는 다음과 같은 금액이 된다.

120원 × 1,200개 = 14만 4,000원

그렇다면 작년 GDP는 10만원이고 올해 GDP는 14만 4,000원이니까 GDP는 4만 4,000원 오른 셈이다. 그러나 이 금액은 물가가 20% 상승한 영향을 고려하지 않았기 때문에 '명목GDP'라고 부른다.

9. 실질GDP Real GDP

물가 변동의 영향을 제거한 GDP[p.122]다. 명목GDP[p.129]와 구별된다.

① '실질'이란 무슨 뜻인가? 귤만 생산하는 한 나라에서 귤을 1개당 100원에 팔고 있고 지난해 생산량이 1,000개였다면 이 나라의 GDP는 다음과 같다.

$$100원 \times 1,000개 = 10만\ 원$$

② 그리고 올해 물가가 20% 올라 귤을 1개 120원에 팔았다. 생산량이 1,200개로 증가했다고 하면, 올해 이 나라의 GDP는 다음과 같다.

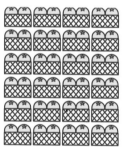

$$120원 \times 1,200개 = 14만\ 4,000원$$

③ 그러나 물가가 20% 오른 만큼의 영향을 제거하면 100원짜리 귤의 생산량이 1,200개라는 계산이 되고 올해 이 나라의 GDP는 다음 금액이 된다.

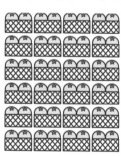 

$$100원 \times 1,200개 = 12만\ 원$$

다시 말해, 이 액수는 작년 기준으로 물가가 20% 오른 영향을 제외하고 있으므로 '실질GDP'라고 부른다.

10. GDP디플레이터 GDP Deflator

어떤 국가의 명목GDP[p.129]에서 실질GDP[p.130]를 산출하는 데 필요한 물가[p.134]의 동향이 나타나는 지표다.

① GDP디플레이터는 다음 식으로 구한다.

GDP디플레이터 = 명목GDP ÷ 실질GDP × 100

② 앞의 명목GDP와 실질GDP에서 언급한 A국가의 귤 생산량을 지난해와 올해로 비교해 보자.

	작 년	금 년	
		명목GDP	실질GDP
	100원 × 1,000개 =10만 원	120원 × 1,200개 =14만 4,000원	100원 × 1,200개 =12만 원

③ 이 표에서 나타내는 명목GDP와 실질GDP를 GDP디플레이터 식으로 계산하면 아래와 같다.

$$14.4만 원 ÷ 12만 원 × 100 = 120$$

이렇게 나온 숫자가, 기준연도(이 경우 작년)를 100으로 했을 때, 100 이상이면 물가가 상승했고(인플레이션[p.156]), 100 이하면 물가가 하락(디플레이션[p.159])했음을 알 수 있다.

11. 1인당GDP
GDP Per Capita

실질GDP[p.130]의 총액을 인구로 나누어서 구한 것. 국민의 생활수준을 나타낸다.

① 일반적으로 GDP가 높을수록 경제적으로 풍요롭다고 알려져 있지만 GDP는 인구의 많고 적음에 영향을 받기 때문에 1인당GDP가 국민의 풍요로운 정도를 더 잘 보여 준다고 할 수 있다.

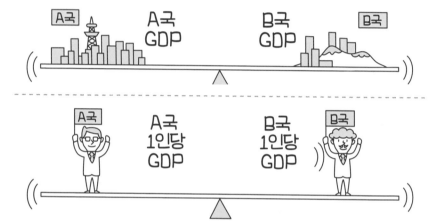

② 국가 간 1인당GDP를 비교할 때는 물가의 영향 등이 환율[p.245]에 반영되기 때문에 1인당 명목GDP를 사용한다.

③ 한편 장기간에 걸쳐 한 나라의 생활수준 변화를 보려면, 인구 증감의 영향을 제외한 1인당 실질GDP를 파악하는 것이 효과적이다.

12. NI(국민소득) National Income

일정 기간(보통은 1년) 동안 그 나라의 국민이 벌어들인 소득의 합계액(부가가치[p.155])을 말한다.

① 국민소득은 다음 계산식으로 구한다.

NI(국민소득) = NNP(국민순생산) - 간접세 + 보조금

② 어떤 나라의 국민이 귤만 생산한다고 하자. 올해의 귤 생산량은 1,000개, 가격은 100원, 고정자산 감소(감가상각비[p.65])가 1만 원이었다면, 그 나라의 GNP[p.124]와 NNP[p.125]는 아래와 같다.

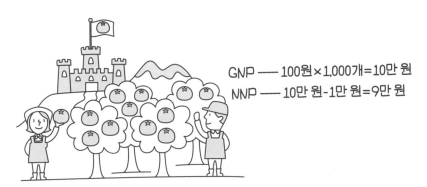

GNP —— 100원×1,000개=10만 원
NNP —— 10만 원-1만 원=9만 원

③ 한편 귤 100원 중에는 간접세(부가세)가 10원 들어 있는 반면, 귤 생산자는 귤 1개당 정부로부터 5원의 보조금을 받고 있다면, 간접세 총액은 10원×1,000개=1만 원, 보조금 총액은 5원×1,000개=5,000원이 된다.

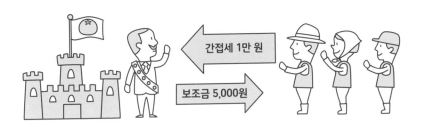

간접세 1만 원

보조금 5,000원

④ 따라서 정부로부터 받는 보조금 액수를 더하고 정부에 내는 간접세를 빼면 그 나라 국민이 실제 벌어들인 소득을 알 수 있다.

8만 5,000원 = 9만 원 - 1만 원 + 5,000원

이 나라의 국민소득   국민순생산   간접세   보조금

13. 물가 Price

물건의 가격[p.100]을 말하는데, 보통은 개별 재화나 서비스[p.13]의 가격이 아니라 여러 가지 상품의 가격을 종합적으로 파악한 것을 가리킨다.

가격: 사과 100원
가격: 셔츠 5,000원
가격: 승용차 100만 원

물가

여러 가지 재화나 서비스를 골고루 조사해 얻은 전체 가격

14. 물가지수 Price Index

물가가 어떻게 움직이는지 알기 위해 다양한 재화나 서비스[p.13]의 가격 변동을 하나의 지수로 나타낸 것.

● 물가의 등락을 측정할 때는 어느 한 해를 기준연도로 잡아서 그해의 물가를 100으로 정한 뒤 물가가 기준연도에 비해 오르고 내리는 정도를 측정한다.

작년의 물가 = 100

올해의 물가 = ?

올해 물가가 100보다 크다면 "물가가 올랐다"고 하고, 100보다 작다면 "물가가 떨어졌다"고 한다.

15. 소비자물가지수(CPI)
Consumer Price Index

소비자가 일상적으로 구입하는 재화나 서비스[p.13]의 평균 가격[p.100]을 지수화한 지표로, 물가[p.134]의 동향을 아는 데 가장 중요한 지표다.

① A국 국민은 지난 1년간 여러 가지 물건을 소비했다.

② 그들은 아래의 목록을 소비했는데, 합계액이 100만 원이었다고 한다.

3 A국 국민은 올해도 같은 물건을 같은 양만큼 구입했는데 총 금액이 105만 원이었다고 한다.

4 지난해 소비액이 100만 원, 올해 소비액은 105만 원. 지난해 100만 원을 100이라고 하면 올해 는 아래와 같은 숫자가 나오고, 이것이 작년과 비교했을 때의 올해 소비자물가지수다.

작년의 소비액 = 100만 원 → 100
올해의 소비액 = 105만 원 → 105

물가상승률 5.0%

5 소비자물가지수는 상품 하나하나의 가격이 얼마나 변했나가 아니라 전체적인 물가의 등락 상황 을 보여 준다.

6 소비자물가지수는 전기, 가스 등의 공공요금, 교통요금과 연금 등의 가격을 결정하는 지표로 사 용되고 있다.

7 소비자물가지수에는 가전제품, 식료품, 집세, 공공요금 가격이 포함되어 있다.

8 다만, 신선식품은 날씨 등의 일시적 요인으로 가격이 변동되기 쉬우므로 중장기적인 물가 동향을 측정하는 데에는 신선식품을 제외한 '근원 소비자물가지수(Core CPI)'를 이용하고 있다.

9 또한 미국 등 여러 나라에서 중시하는 지표와 비슷한 것으로, 근원 소비자물가지수(Core CPI)에서 '식료품(주류 제외)과 에너지'를 제외한 종합지수(보통 Core core CPI로 부른다)가 있다.

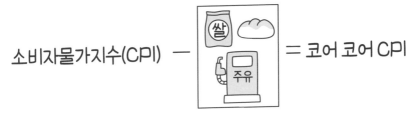

각국 중앙은행[p.154]이 금융정책을 운영하는 데 목표로 잡는 물가수준은 CPI가 기준이 되는 경우가 많다. 물가 목표의 수치 및 기간, 목적 등은 나라와 지역에 따라 차이가 있지만 보통은 중앙은행이 정부와 긴밀히 협력하면서 목표 수치를 결정한다.

16. 기업물가지수(CGPI)
Corporate Goods Price Index

기업 간에 거래하는 재화[p.13]의 가격 변동을 측정하는 지표다. 속보성이 높아 경제 동향과
금융정책을 결정하는 데 자료로 쓰인다.

① 기업물가지수를 볼 때 주목할 것은 수요 단계별(원자재, 중간재, 최종생산물) 기업 물가동향이다.

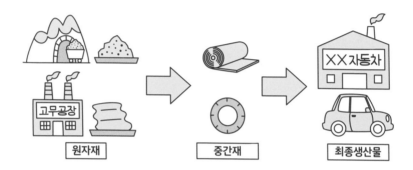

② 물가동향은 '원자재 → 중간재 → 최종생산물' 순으로 연쇄적으로 움직인다.

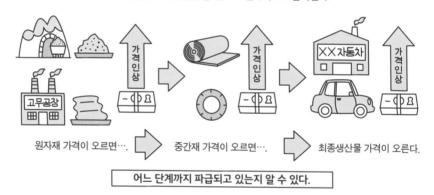

원자재 가격이 오르면…. 중간재 가격이 오르면…. 최종생산물 가격이 오른다.

어느 단계까지 파급되고 있는지 알 수 있다.

③ 최종생산물의 물가동향은 소비자물가를 통해서 개인 소비에 영향을 주므로 가능한 억제하고자
하는 지표다.

17. 생산자물가지수(PPI)
Producer Price Index

미국에서 사용하는 지표로, 국내 생산자의 도매가격을 지수화한 것이다.
소비자물가지수(CPI)[p.135]와 함께 인플레이션 비율 및 물가 변동률의 판단 자료로 쓰인다.

1 생산자물가지수(PPI)는 기업[p.52]이 재화와 서비스[p.13]를 판매할 때의 가격 변동을 지수화한
것을 가리킨다. 원자재, 중간재[p.142], 최종생산물[p.142]별로 제조단계별, 품목별, 산업별 수치를
자세히 발표하고 있다.

2 그중에서도 식료품이나 에너지 등 날씨와 계절의 영향을 받아 가격 변동이 쉬운 것을 제외한 근
원 생산자물가지수(Core PPI)가 중요시되고 있다.

3 PPI는 장래의 인플레이션 가능성을 찾고자 기업에서 소비자에게 비용을 전가하는 정도를 측정
하는 지표다.

18. 경제성장 Economic Growth

한 나라의 재화와 서비스[p.13]의 총생산량(GDP[p.122])이 시간이 지남에 따라 성장해 가는 것.

19. 경제성장률 Rate of Economic Growth

한 나라에서 일정 기간 동안 경제가 얼마나 성장했는지를 측정하는 비율. GDP(국내총생산)[p.122]나 NI(국민소득)[p.133]의 증감으로 측정한다.

● 지난해와 올해 A국 경제는 얼마나 성장했을까?

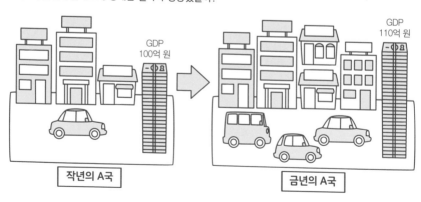

20. 명목 경제성장률
Rate of Nominal Economic Growth

일정 기간 동안 명목GDP[p.129]가 얼마나 성장했는지를 나타내는 비율.

● 귤만 생산하는 A국가를 예로 들면….

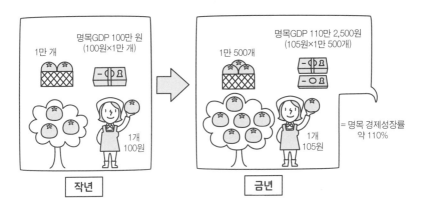

21. 실질 경제성장률
Rate of Real Economic Growth

일정 기간 동안 실질GDP[p.130]가 얼마나 성장했는지를 나타내는 비율.

● 귤만 생산하는 A국가를 예로 들면….

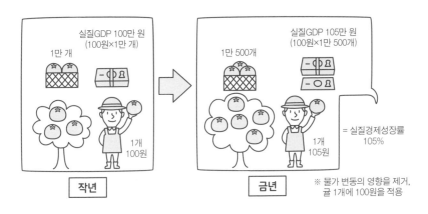

22. 최종생산물 Final Product

최종적으로 소비, 투자, 수출이 되어 GDP[p.122]로 산입된 것을 말한다. 완성재라고도 한다.

● 빵 가게를 예로 들어 보자.

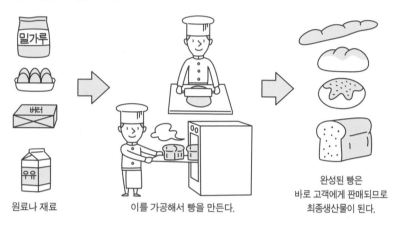

원료나 재료

이를 가공해서 빵을 만든다.

완성된 빵은
바로 고객에게 판매되므로
최종생산물이 된다.

142

23. 중간재 Intermediate Product

최종생산물[p.142]을 만드는 생산 과정에 투입되는 원료나 재료를 말한다. 중간생산물이라고도 한다.

● 빵 가게를 예로 들어 보자.

빵 가게의 경우 이런
재료들이 중간재다.

최종생산물

24. 소득 Income

경제활동과 생산 활동에 참여한 사람이 그 대가로 받는 보수.

임금

지대

이자

이윤

25. 생산국민소득
Productive National Income

한 나라의 국민이 생산한 금액의 합계. 아래 1~3차 산업의 합계이다.

1차 산업

2차 산업

3차 산업

농업, 수산업, 임업 등
자연에서 수확하는 산업

건축이나 제조업 등
원자재를 가공하는 산업

그 이외의 통신, 보험 등의
서비스 산업

26. 분배국민소득
Distribution of National Income

NI(국민소득)[p.133]을 생산에 참여한 생산요소[p.15]에 대한 분배 측면에서 파악한 것으로, 고용자 소득과 영업이익의 합계다.

27. 지출국민소득
Expenditure National Income

지출 측면에서 파악한 NI(국민소득)[p.133]을 말한다. 아래의 식으로 구할 수 있다.

민간 최종소비지출 —— 국민이 재화 및 서비스 구입에 사용한 총액
+
정부 최종소비지출 —— 정부가 공공서비스나 공무원 급여에 사용한 총액
+
국내 총고정자본 형성 —— 건물이나 기계를 추가로 구입한 총액
+
재고품 증가 —— 기업이 갖는 재고 증가분을 금액으로 나타낸 것
+
순수출 —— 수출액에서 수입액을 뺀 것
=
지출국민소득

다만, 국민소득은 여기에서 고정자본 감소[p.65] 및 '간접세-보조금'이 차감된다. 이 점이 지출면에서 본 GDP[p.122]와는 다르다.

28. 소득의 재분배
Redistribution of Income

시장경제를 통해 배분된 소득[p.143]의 격차를 고쳐 바로잡는 역할을 한다.

① 시장경제는 경쟁 사회이므로 필연적으로 소득 격차가 발생하기 마련이다.

② 이런 격차를 바로잡기 위해 정부는 다양한 방법을 통해 소득을 고소득자에서 저소득자로 재분배한다.

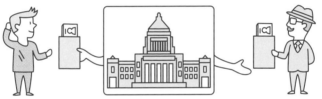

③ 예를 들어, 소득이 많을수록 세율을 높이고 세금 및 세금 부담 비율도 올리는 누진과세 제도[p.146]가 있다.

소득이 낮으면
세금(세율)도 낮고

소득이 높으면
세금(세율)도 높고

④ 또한 세금을 실업자에게 수당으로 지급하는 등, 소득이 낮은 사람에게 급여를 제공하는 사회보장제도로 격차의 확대를 바로잡기도 한다.

29. 누진과세 제도
Progressive Tax System

소득[p.143]이 많을수록 세율을 올리는 것으로, 소득이 높은 사람일수록 세금의 절대 액수뿐 아니라 소득에서 차지하는 세금의 부담 비율도 올리는 제도.

① 첫째, 비례세율의 경우를 살펴보자. 한 나라에서 세금의 비율이 5%였다고 하자.

② 이 나라에서 일하는 A씨의 소득은 100만 원, B씨는 200만 원, C씨는 500만 원, D씨는 1,000만 원이라고 한다.

③ 비례세율의 경우 세금은 다음과 같다. 소득이 오르면 세금도 오르지만 소득 대비 비율은 항상 5%이다.

	소득	세금
A씨	100만 원	5만 원
B씨	200만 원	10만 원
C씨	500만 원	25만 원
D씨	1,000만 원	50만 원

4 이제, 누진세율의 경우를 보자. 이 나라의 누진세율은 다음과 같다고 한다.

소득	누진 세율
100만 원 이하	5%
100만 원 초과~200만 원 이하	8%
200만 원 초과~500만 원 이하	10%
500만 원 초과	15%

5 이 경우 소득이 올라갈수록 세율도 올라가기 때문에, 앞서 A씨, B씨, C씨, D씨의 납세액은 다음과 같다.

	소득	세금
A씨	100만 원	5만 원
B씨	200만 원	16만 원
C씨	500만 원	50만 원
D씨	1,000만 원	150만 원

6 즉, 소득이 늘어나면 세금의 액수뿐 아니라 소득에서 세금이 차지하는 비율도 올라가기 때문에 소득이 올라갈수록 세금 부담이 커지는 제도다.

7 이런 제도 덕에 부의 집중을 피하고 소득의 재분배[p.145]가 가능해진다.

30. 삼면등가의 법칙
Principle of Equivalent of Three Aspects

GDP[p.122]를 생산, 분배, 지출의 세 가지 관점에서 볼 때 이 셋이 같은 금액이 된다는 법칙.

① 생산이란 일정 기간 동안 그 나라에서 만든 재화·서비스[p.13]의 부가가치를 모두 합한 것을 가리킨다.

② 분배는 그 나라가 일정 기간 동안 재화·서비스를 만들어 얻은 수익이 어디에 배분되었는지를 보여 준다.

③ 지출이란 일정 기간 동안 그 나라 국민이 분배된 임금 등을 바탕으로 재화나 서비스를 사용하고 소비하는 것을 말한다.

④ 위에서 본 세 가지 금액이 동일하다는 내용을 삼면등가의 법칙이라고 한다.

⑤ 가령 사과만 생산하는 나라가 있다고 하자. 이 나라에는 5명이 살고 있다. 사과 농장의 소유주는 A씨이고 나머지 4명은 A씨 농장에서 일하고 있다.

⑥ 어느 해에 사과 200만 원어치를 수확할 수 있었다. A씨는 4명에게 노동의 대가로 30만 원씩 임금을 주고, 나머지 80만 원은 농장의 이익으로 소유주인 A씨 자신에게 분배했다.

200만 원 이익 80만 원 급여 30만 원 급여 30만 원 급여 30만 원 급여 30만 원

⑦ 받은 돈으로 A씨는 80만 원어치 사과를, 나머지 4명은 각각 30만 원어치 사과를 구입한다.

80만 원어치   30만 원어치   30만 원어치   30만 원어치   30만 원어치

⑧ 이상을 정리하면 아래 그림과 같다. 생산, 분배, 지출액이 똑같아 삼면 등가의 법칙이 성립된다.

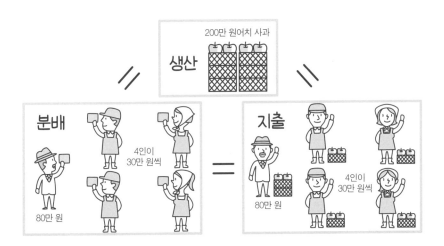

⑨ 분배 측면의 GDP를 자세히 살펴보면 아래의 식이 된다. 이 식의 오른쪽 부분은 국내총소득 (GDI)으로 불린다. 즉, '분배 측면의 GDP=국내총소득(GDI)'이다.

$$\text{GDP(분배 측면)} = \text{고용자 소득} + \text{영업이익} + \text{고정자본 감소} + \text{(간접세-보조금)}$$

⑩ 고용자 소득은 기업이 생산 활동에서 얻은 수익을 임금의 형태로 노동자에게 분배하는 몫이다. 영업이익은 기업의 수익을 경영자에게 보수로 지급하거나 자금을 제공한 주주들에게 배당금으로 지불하는 몫이다.

⑪ 생산에 필요한 기계나 공장 등 시설 가치의 감소(고정자본 감소[p.65])분도 포함된다.

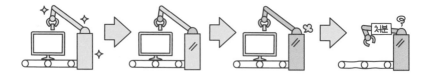

⑫ 한편 세금 가운데 소비세 등의 간접세는 분배의 대상이 되지만, 보조금은 기업의 수익에 해당하기에 분배에서 공제한다.

⑬ 다음으로, 지출 측면의 GDP를 자세히 살펴보면 아래의 식이 된다. 이 식의 오른쪽 부분은 국내 총지출(GDE)로 불린다. 즉, '지출 측면의 GDP=국내총지출(GDE)'이다.

$$\text{GDP(지출 측면)} = \text{민간 최종소비지출} + \text{정부 최종소비지출} + \text{국내 총고정자본 형성} + \text{재고품 증가} + \text{순수출}$$

14 민간 최종소비지출은 기업과 개인이 재화나 서비스를 소비할 때 낸 비용을 말한다.

15 정부 최종소비지출은 정부가 부담하는 지출에 공무원 급여, 공공 보험·의료제도 부담, 공공시설의 고정자본 감소나 공공기관의 재화·서비스에 대한 지출이 포함된다.

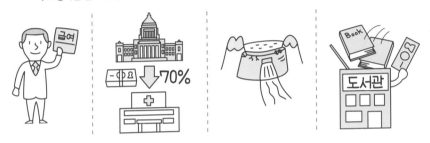

16 국내 총고정자본 형성은 일정 기간 동안 국가나 기업 또는 개인이 새롭게 추가한 고정자본(건물이나 기계 등)의 합계로, 그해에 얼마나 투자했는지를 보여 준다.

17 재고품 증가는 미래의 지출로 간주한다. 일정 기간 동안 기업이 만든 제품은 팔리지 않고 재고로 남아 있어도 향후 판매되어 이익으로 이어질 것이기 때문이다. 순수출은 수출에서 수입을 뺀 금액으로 해외에서 자국의 재화나 서비스가 얼마나 소비됐는지를 나타낸 것이다.

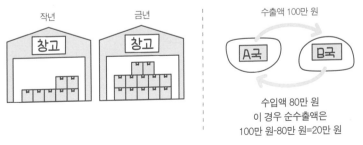

이처럼 생산(GDP)=분배(GDI)=지출(GDE)이 되는 것을 삼면등가의 법칙이라 한다.

31. 화폐 Money

재화나 서비스[p.13]를 받으면 대가로 지불하는 '돈'을 가리킨다. 화폐의 역할은 크게 세 가지다.

① 물건의 가치를 나타내고 … 모든 곳에 값을 매길 수 있다.

② 지불수단이 되고 … 교환할 때 결제에 쓰인다.

③ 모아서 … 장래에 대비한다.

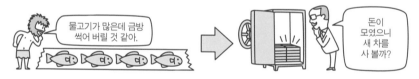

32. 금융 Finance

가계[p.19], 기업[p.52], 정부 간에 돈이 여유 있는 주체가 돈이 부족한 주체에게 자금 등을 융통하는 것.

33. 은행 Bank

개인이나 기업[p.52]으로부터 자금을 맡아 다른 개인이나 기업에 자금을 대출해 주는 업무를 하는 금융기관. 아래 세 가지가 은행의 주요 업무다.

① 빌려주는 측과 빌리는 측의 중개.

② 은행의 계좌를 이용한 결제 기능.

153

③ 예금과 대출을 반복해서 돈을 불리는 기능. 이것을 신용 창조[p.192]라고 한다.

위 그림처럼, 맡은 저축의 일부를 대출하고, 또 예금으로 맡아 그 일부를 대출받고, 또 예금을 맡아 주고… 하는 일을 반복하는 것이 신용 창조다.

34. 중앙은행 Central Bank

그 나라의 통화나 금융[p.152] 제도를 담당하는 중심 기관. 대한민국에서는 한국은행, 미국에서는 연방준비제도이사회(FRB) 등 명칭은 다양하다. 역할은 주로 세 가지다.

① 화폐를 발행하는 역할.

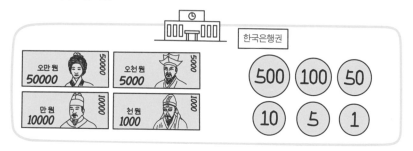

② 정부의 은행 역할.

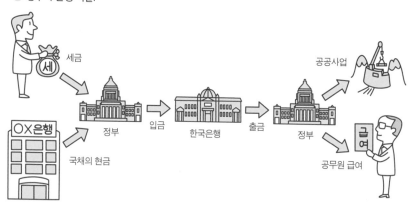

③ 은행의 은행으로서의 역할.

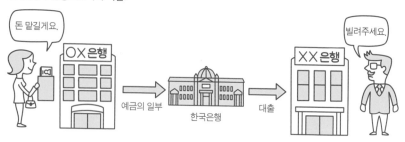

35. 부가가치 Added Value

기업[p.52] 등이 새롭게 만든 재화나 서비스[p.13]의 생산액에서 그것을 만들기 위해 사용한 원재료비나 중간재[p.142]의 액수를 공제한 것.

① 농가가 빵 가게에 밀가루를 납품했다. 밀가루에는 중간재가 없다고 하면, 농가는 다음과 같은 부가가치를 창출한 것이다.

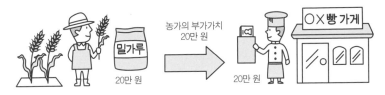

② 빵 가게는 그 밀가루로 50만 원어치의 빵을 만들었다. 그래서 35만 원어치를 가게에서 팔고, 그 맛의 소문을 들은 호텔에 15만 원어치의 빵을 팔았다.

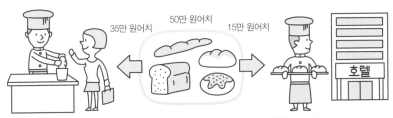

빵 가게의 부가가치 … 50만 원-20만 원(농가의 부가가치)=30만 원

③ 호텔은 15만 원어치의 빵을 친절한 서비스와 함께 30만 원에 팔았다.

호텔의 부가가치 …
30만 원-15만 원=15만 원

④ 이렇게 보면, 최종생산물의 합계는 부가가치의 합계와 일치한다.

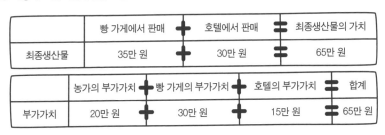

	빵 가게에서 판매	호텔에서 판매	최종생산물의 가치
최종생산물	35만 원	30만 원	65만 원

	농가의 부가가치	빵 가게의 부가가치	호텔의 부가가치	합계
부가가치	20만 원	30만 원	15만 원	65만 원

36. 인플레이션 Inflation

물가[p.134]가 계속 상승해서 실질적인 화폐[p.152]의 가치[p.16]가 장기간에 걸쳐 하락하는 것. 인플레이션의 원인으로 크게 세 가지를 들 수 있다.

● 인플레이션이란 재화·서비스[p.13]의 가격이 올라 돈의 가치가 하락하는 것.

① 첫 번째 원인은 여러 분야의 재화와 서비스 시장에서 수요가 공급을 웃도는 경우다. 재화와 서비스가 부족하므로 가격이 상승하고 인플레이션이 발생한다.

• 어떤 상품을 갖고자 하는 사람이 늘어난다.

• 상품을 갖고 싶은 사람은 값이 비싸더라도 사려 하기 때문에 파는 쪽이 유리하다.
  판매자는 가급적 더 벌려고 하고, 따라서 가격을 올린다. 가격이 오르면 물가가 오른다.

② 두 번째 원인은 상품을 만드는 비용이 오르는 경우다.

• 회사 노동자의 임금 인상 요구로 월급이 올랐다.

• 상품의 원자재 가격이 올랐다.

100만 원   50만 원   150만 원   80만 원

• 회사는 인건비나 원자재의 비용 상승분을 메우기 위해 상품 가격을 올리고, 따라서 물가가 상승하고 인플레이션이 발생한다.

어쩔 수 없이 가격을 올려야겠다.

100만 원   120만 원

3 세 번째는 돈의 공급량이 증가하면서 인플레이션이 발생하는 경우다.

• 경제성장률을 웃도는 돈이 공급되면 전체적으로 급여가 증가한다.

• 그러면 사람들은 구매력이 증가한 것으로 생각하고 물건을 많이 사게 된다. 상품이 많이 팔리면 급여가 더 오른다. 그러면 더 많이 산다. 다시 수요가 증가하고, 가격이 올라간다.

돈의 공급량이 적다   돈의 공급량이 많다

돈이 없으니 참자.   TV도 냉장고도 새로 사자.   감사합니다.

전자제품   전자제품

자동차 매장   이 차로 할게요.   감사합니다.   보너스   ○○자동차

37. 하이퍼-인플레이션
Hyper Inflation

단기간에 무서운 기세로 진행되는 인플레이션[p.156]으로, 물가[p.134] 상승률이 수십 배, 수백 배, 수천 배가 되는 상황을 가리킨다.

① 적절한 인플레이션 상태인 경우, 급여도 오르고 수요도 증가해서 경제가 무난히 성장한다.

② 하지만 정치적 불안정으로 파산 상태에 빠진 나라를 예로 들어 보자. 돈이 부족한 정부는 많은 돈을 찍어 마구 뿌렸다. 그러자 돈을 가진 사람은 늘어났지만….

③ 시중에 나도는 돈이 극단적으로 늘어나고 돈의 가치는 떨어지며 물건 값이 급격하게 올라갔다.

④ 이렇게 극단적인 상태의 인플레이션을 하이퍼-인플레이션이라고 부른다. 제1차 세계대전 후의 독일이나 2000년대의 짐바브웨 사례가 그렇다.

38. 디플레이션 Deflation

물가[p.134]가 지속적으로 하락하고 있는 상태를 가리킨다. 재화와 서비스[p.13]의 가격이 하락하고 있는 상태라고 할 수 있다.

1 지금까지 3,000원을 내야 했던 셔츠를 1,000원에 살 수 있다.

2 구매자 쪽은 싸져서 좋지만, 판매자 쪽에서 보자면 그만큼 이익이 줄어들므로 월급을 낮추거나 인력을 감축하기도 한다.

3 급여가 줄면 그만큼 소비를 줄이려 하므로 재화·서비스가 덜 팔리게 된다.

4 이렇게 해서 물건의 가격이 점점 하락한다.

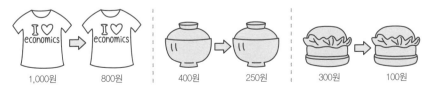

1,000원   800원   400원   250원   300원   100원

39. 디플레이션 스파이럴
Deflationary Spiral

스파이럴은 나선을 뜻한다. 경제가 나선처럼 빙빙 돌며 침체에 빠지는 상태를 가리킨다.

① 디플레이션에 빠지면 기업들은 상품 가격이 계속 하락해 매출이 감소할 수밖에 없다.

② 그래서 설비투자를 줄이거나 종업원의 급여를 깎거나 심지어 인원 감축을 단행하기도 한다.

③ 그렇게 되면 기업이나 개인은 점점 미래에 대한 불안감을 느껴 돈을 쓰지 않는다.

④ 그런 상태가 나선과 같이 계속되면, 경제는 침체 상태에 빠진다.

40. 스태그플레이션 Stagflation

경기 침체(스태그네이션)와 물가 상승(인플레이션[p.156])을 합친 말이다. 경기[p.196]가 침체하고 있는 상황에서, 동시에 물가 상승이 일어나는 현상을 말한다.

① 일반적으로 경기가 후퇴 또는 정체하면, 수요가 감소하기 때문에 물가는 하락한다.

② 그러나 경기가 침체되어 급여소득 등이 늘지 않음에도 물가가 상승하는 경우가 있다. 이것을 스태그플레이션이라고 한다.

③ 급여가 오르질 않는데도 물건의 가격이 오르니, 국민에게는 심각한 상황이다.

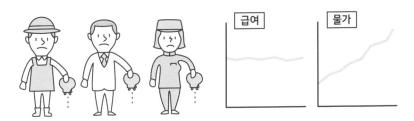

우리나라의 경우, 1973년 제1차 석유파동(오일쇼크) 때 경기가 침체됐는데도 생필품 값이 오르는 스태그플레이션 상황에 빠진 적이 있다.

41. 버블 경제 Economic Bubble

주식이나 토지 등의 자산 가격[p.100]이 그 평가의 기초가 되는 경제성장률[p.140]에 나타나는 수준보다 큰 폭으로 상회하는 상황. 일반적으로는 1980년대 후반 일본의 호경기를 가리킨다.

① 1980년대 초반 일본 경제가 발전하면서 질 좋고 값싼 일본 제품들이 미국에 다량으로 수출되었다.

② 일본에서 수입된 제품 때문에 미국에서는 자국 제품이 팔리지 않게 되었다.

③ 일본산 수입품을 억제하기 위해서는 엔'고'-달러'저'[p.210](엔화에 대해 미국 달러를 평가절하)로 해야 한다는 주장이 나오자, 결국 1985년에 플라자 합의가 이루어졌다.

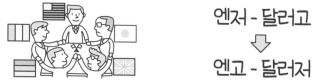

엔저 - 달러고
⇩
엔고 - 달러저

④ 엔고가 되면 엔화의 가치가 올라가므로 일본제품을 미국에서 팔 때 가격이 비싸져 미국에서 일본제품을 팔기가 어렵다.

엔저-달러고

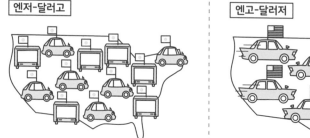

엔고-달러저

⑤ 엔고로 인해 수출에 의존하던 일본 기업들이 큰 타격을 입었고 일본은 불황에 빠지고 말았다.

⑥ 그래서 당시 일본 정부는 불황을 타개하기 위해 금리(은행을 빌릴 때 발생하는 이자)를 낮춰 기업의 신규 투자를 용이하게 만들려고 했다.

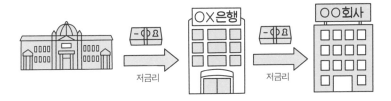

⑦ 금리가 떨어지자 은행에서 돈을 빌려 땅을 사는 사람들이 급증했다. 그리고 그 땅을 담보로 은행에서 돈을 빌려 다시 땅을 사는 일이 반복되면서 땅값이 올랐다.

⑧ 그 결과, 토지나 주식의 실질가치와 동떨어진 채 가격만이 거품처럼 부풀어 올랐다. 그 후 금융 긴축으로 전환하면서 금리 상승과 금융기관의 부동산 대출 규제 등이 맞물려 토지나 주식의 자산 가격이 하락했다.

토지와 주식의 가격이 크게 떨어지면서 기업과 개인은 손실을 봤을 뿐 아니라 담보 가치 하락으로 대출금 상환도 어려운 상황에 빠졌다. 이에 따라 금융기관은 빌려준 돈을 회수하지 못하는 부실채권 문제에 시달리게 됐다.

42. 준비예금제도
Reserve Deposit Requirement System

금융기관은 예금 등의 일정 비율(준비율이라고 한다) 이상을 중앙은행[p.154]에 맡기는 것을 의무화하고 있는데, 이 제도를 준비예금제도라 한다.

① 이 제도는 시중의 자금량을 조정하는 금융정책의 하나다. 대상이 되는 금융기관은 반드시 한국은행에 계좌를 가지고 있어야 하고, 거기에 정해진 액수를 맡길 의무가 부과되고 있다.

② 한국은행이 준비율을 높이면, 금융기관은 한국은행에 맡겨야 하는 자금이 늘어나기 때문에 시중 대출에 쓸 자금량이 감소하고, 그 결과 긴축의 효과가 나타나게 된다.

③ 반대로 준비율을 인하하면, 금융기관은 대출에 사용할 자금량이 증가하기 때문에 금융완화의 효과가 생긴다.

현재 단기금융시장이 발달한 나라에서는 이 제도를 금융완화와 긴축 수단으로 이용하지 않고 있다.

43. 유효수요의 원리
Principle of Effective Demand

국민의 소득[p.143]이나 고용 등의 수준은 유효수요의 크기에 의해서 결정된다는 원리. 존 메이너드 케인스John Maynard Keynes[p.266]가 처음 주장했다.

① 유효수요란 재화·서비스[p.13]를 갖고 싶은 마음에 더하여, 이들을 구입할 만한 돈을 가지고 있는 화폐적 지출이 뒷받침된 수요다.

② 케인스는 실업자가 많은 것은 수요[p.35]가 공급[p.35]에 비해 부족하기 때문이라고 생각해서 수요 그 자체를 확대해야 한다고 주장했다.

③ 그래서 정부가 적극 개입해 댐이나 도로를 만드는 등의 공공사업으로 투자를 활성화하고 수요를 창출해야 한다고 주장했다.

④ 또한 정부가 소득에 대해 감세를 실시해서 소비자의 실수령액을 늘리고 소비를 촉진해야 한다고 주장했다.

44. 역소득세(소득세)

Negative Income Tax (Positive Income Tax)

소득[p.143]이 일정액에 못 미치는 사람에 대해, 일정 소득 수준(세금이 부과되는 소득액의 최저액)과 그의 소득액의 차액분의 일정 비율을 정부가 소득세 제도를 통해서 지급하는 제도.

① 역소득세라는 발상이 나온 데는 다음과 같은 배경이 있다. 한 나라에 부모와 아이 둘인 4인 가족이 살고 있다고 하자.

② 가족의 연수입이 200만 원 이하인 경우, 그 차액에 대한 역소득세(10%로 한다)가 정부로부터 나온다. 즉, 가족 중 아무도 일하지 않는다면 정부에서 20만 원(200만 원×10%)을 지급한다.

③ 아버지가 취직해서 연수입 150만 원이 생겼다. 그러면 200만 원보다 부족한 50만 원 가운데 역소득세 상당분인 5만 원이 정부에서 지급되므로 이 집의 연수입은 155만 원이 된다.

④ 이때 중요한 것은, 국가가 보조하는 것은 소득세 상당분이므로, 더 일하면 소득이 늘어나기 때문에 누구나 더 일해서 소득을 얻고자 한다는 점이다. 만일 200만 원에 부족한 전부를 지급하면 아예 일하지 않고도 200만 원을 지급받으므로 누구도 일하려 하지 않을 것이다.

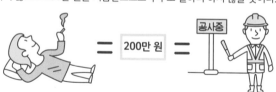

5 그 후, 아버지 수입만으로는 생활이 힘들어 어머니도 일에 나섰다고 하자. 어머니가 아르바이트를 하고 1년에 60만 원의 수익을 얻었다.

6 이제 이 가족의 소득은 아버지 150만 원에 어머니 60만 원을 더해 210만 원이 되어, 소득세가 붙는 최저 소득인 200만 원을 넘었다.

7 최저 소득액을 초과하므로 200만 원을 초과하는 분에 대해 소득세를 내야 한다. 이것을 소득세 또는 '정正의 소득세'라고 한다. 이 경우 소득세는 (210만 원-200만 원)×10%=1만 원이 된다.

8 이렇게 소득에 따라 국민이 정부에 내는 세금 제도를 소득세라고 한다. 반대로 소득이 일정 수준에 미치지 못하는 사람에게 정부가 지급하는 제도를 역소득세라고 한다.

• 소득세 = (실제 소득액 - 과세 최저한도 소득액) × 세율
→ 이렇게 계산된 금액을 정부에 납부한다.

• 역소득세 = (과세 최저한도 소득액 - 실제 소득액) × 세율
→ 이렇게 계산된 금액을 정부에서 지급한다.

역소득세의 배경은 이렇다. 소득이 낮은 사람에게 보조를 하면 그들이 일을 해서 소득을 얻는 경우 사회보장 지급액이 감액되거나 소득에 따른 세금을 납부해야 한다. 그러면 일할 의욕이 생기지 않아 자립하지 못하게 된다. 이러한 계층의 문제를 해결하려는 의도가 역소득세 추진의 배경이 되었다.

45. IS-LM 모델 IS-LM Model

재화·서비스[p.13] 시장[p.20]과 화폐[p.152]를 거래하는 시장(화폐시장)이 함께 균형을 이루는 이자율과 국민소득[p.133]의 조합을 요구하는 분석 방법. IS-LM 모형이라고도 한다.

● 영국의 경제학자 케인스[p.266]의《고용·이자 및 화폐의 일반 이론》을 바탕으로, 영국의 경제학 자 존 힉스John Hicks(1904~1989)가 고안한 분석 방법이다.

존 메이너드 케인스

존 힉스

① IS-LM 모델에서는 세로축을 이자율, 가로축을 국민소득으로 하는 그래프를 이용하여 재화·서 비스 시장과 화폐시장과의 관계를 분석한다.

② 먼저 IS곡선에 대해 살펴보자. IS곡선은 재화·서비스 시장의 총수요와 총공급이 균형을 이루는 국민소득과 이자율 조합을 나타낸 것이다. I는 투자Investment, S는 저축Saving을 뜻한다.

③ 재화·서비스 시장의 총수요는 소비와 투자이고 총공급은 국민소득이다. 그 두 가지가 서로 균형을 이루면 아래의 식이 된다.

$$\text{소비} + \text{투자} = \text{국민소득}$$
즉
$$\text{총수요} = \text{총공급}$$

으로 바꿔 말할 수 있다.

④ 위의 식을 바꾸면, '투자=국민소득-소비'가 된다. 우리가 얻은 소득에서 재화나 서비스를 소비해 사용하지 않은 돈이 '저축'이기 때문에, 아래와 같이 바꾸어 말할 수 있다.

$$\text{투자}(I) = \text{저축}(S)$$

⑤ 즉, 재화·서비스 시장의 수요와 공급이 균형을 이루고 있는 상태란, 곧 투자와 저축이 균형을 이루고 있는 상황이라 할 수 있다.

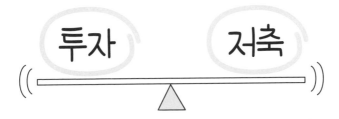

⑥ 여기에서 ①의 그래프에 대해 살펴보자. 이자율과 국민소득의 관계를 볼 때 중심이 되는 것은 투자다. 이자율이 상승하면 투자는 감소하므로 재화·서비스의 수요는 감소한다. 균형을 맞추려면 공급(국민소득)도 줄어든다. 따라서 IS곡선은 우측으로 기우는 그래프가 된다.

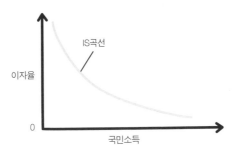

7 왜 이자율이 상승하면 투자가 감소할까? 예를 들어 기업(이나 개인)이 사업을 확장하고자 새로운 공장을 짓기 위해 은행에서 돈을 빌리려 해도, 이자율이 높으면 비용이 부담스럽기 때문이다.

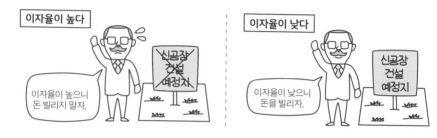

8 이제 LM곡선을 살펴보자. LM곡선은 화폐시장에서의 화폐 수요와 공급이 균형을 이루는 국민소득과 이자율 조합을 나타낸 것이다. L은 화폐 수요(Liquidity Preference=유동성 선호 [p.226])이며, M은 화폐 공급(Money Supply)이다.

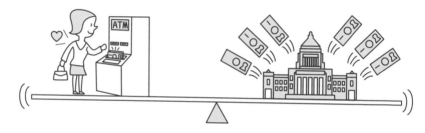

9 사람들은 소득이 증가하면 소비를 늘린다. 당연히 필요한 화폐에 대한 수요도 증가한다.

10 화폐 공급이 일정한 가운데 화폐 수요가 증가하므로 이자율이 상승하는 것이다. 물론 물가가 일정하다는 전제 아래서 그렇다. 즉, 소득이 증가하면 이자율이 상승하고 LM곡선은 우측 위로 올라간다.

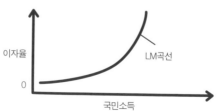

11 이렇게 IS, LM의 양 곡선을 결합하여 재화·서비스 시장, 화폐시장의 균형을 살피고, 동시에 재정 정책과 금융정책이 경제에 미치는 효과를 분석한다.

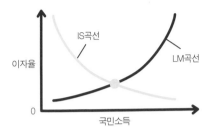

12 예를 들어, 경기 활력과 고용 증가를 위해 공공투자를 늘리는 재정 정책을 실시하는 경우를 생각해 보자.

13 그러면 소비나 투자가 자극을 받아 IS곡선은 오른쪽으로 움직이며 국민소득이 증가한다.

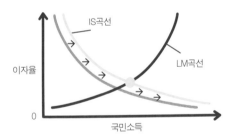

14 한편, 금융정책으로 경기를 자극하는 경우를 생각해 보자. 화폐 공급을 늘리는 식의 금융정책을 취하면(물가는 일정하다는 전제), 이자율은 하락하고 LM곡선이 오른쪽으로 움직이면서 국민소득이 늘어나게 된다.

46. 소비함수 Consumption Function

경제 전체의 소비액이 소득[p.143] 수준에 따라 어떻게 결정되는지, 소비와 소득의 관계를 나타낸 함수를 말한다.

① 케인스[p.266]는 "소비의 크기는 소득의 크기에 의존한다"라며 다음 식을 고안했다.

$$C = cY + b \quad (0 < c < 1, b > 0)$$

C = 소비   Y=소득   b=기초소비

② C는 소비, Y는 소득, b는 기초소비를 뜻한다. 기초소비란 소득이 '제로'여도 인간에게 꼭 필요한 의식주 등의 소비를 말한다.

소비	소득	기초소비

③ c는 한계소비성향이라 하는데, 소득이 1단위(예를 들면 1만 원) 늘었을 때 소비가 얼마나 늘어나는지를 보여 준다.

월급이 올랐네.

힘내자!

○○과일

멜론 5,000원

④ '0<c<1'라는 것은 소득이 늘어난 범위 내에서 소비를 늘리는 것이며, c=0.6이라면 다음과 같다.

1만 원(Y)×0.6(c)=6,000원

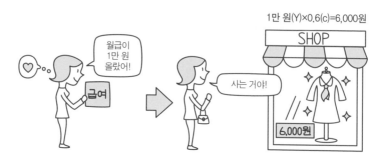

월급이 1만 원 올랐어!

사는 거야!

SHOP

6,000원

예를 들어 소득이 20만 원인 A씨와 25만 원인 B씨가 있다고 하자. 둘 다 기초소비는 5만 원, 한계소비성향은 0.6이라면 두 사람의 소비액은 아래와 같다.

A씨

C = 20만 원 × 0.6 + 5만 원
C = 17만 원

A씨의 소비액 = 17만 원

B씨

C = 25만 원 × 0.6 + 5만 원
C = 20만 원

B씨의 소비액 = 20만 원

6 또한, 이 식을 다음과 같이 바꿀 수도 있다.

$$\frac{C}{Y} = c + \frac{b}{Y}$$

7 C/Y는 소비÷소득이므로, 소득 가운데 얼마를 소비에 사용했는지를 의미한다. 이를 평균소비성향이라고 한다. A씨의 평균소비성향은 다음과 같다.

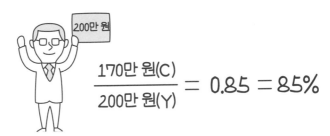

A씨

$$\frac{170만\ 원(C)}{200만\ 원(Y)} = 0.85 = 85\%$$

8 소득이 늘수록 C/Y(평균소비성향)은 작아진다. 즉, 소득이 늘면 소비에 돈을 쓰는 비율이 작아지고 저축 비율은 커진다.

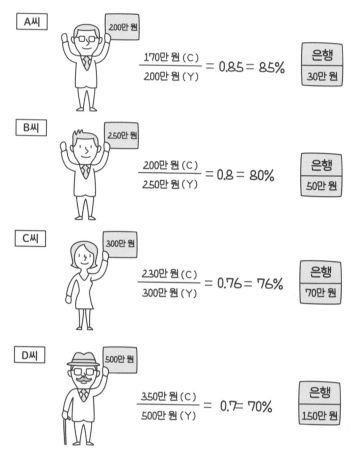

9 그러나 그 후 미국의 경제학자 사이먼 쿠즈네츠Simon Kuznets[p.233]가 미국의 장기 통계(1869~1938년)를 통해 추산한 결과, 소비와 소득과의 사이에 C≒0.9Y, 즉 평균소비성향은 거의 일정하게 0.9가 된다는 것을 발견해 소비함수 논쟁이 벌어졌다.

10 논쟁의 결과 몇 가지 가설이 지지를 받았다. 첫째, 소비는 현재의 소득 수준뿐 아니라 과거의 최고 소득 수준에도 영향을 받는 탓에 생활 습관은 갑자기 바꾸기 어렵다는 '상대소득 가설'이다.

11 둘째, 소비는 소득 중 변동소득(복권 당첨금 등)을 제외한 항상소득(恒常所得, 급여나 임금 등)에 강하게 의존한다는 '항상소득 가설'이다.

12 셋째, 개인의 소비 형태는 그 개인이 일생 동안 얻는 평생소득에 의해 결정된다는 '라이프 사이클 가설'이다.

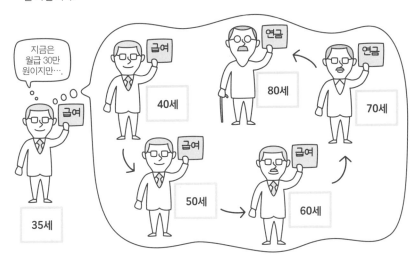

47. 승수효과 Multiplier Effect

정부의 공공투자나 기업[p.52]의 투자를 늘림으로써 소득[p.143] 증가, 소비 확대가 선순환하면서 최초 투자의 몇 배나 되는 소득 증가를 가져오는 효과를 말한다.

① 정부가 공공투자 100억 원을 집행해 도로를 만든다고 하자.

② 그 결과, 도로를 만드는 회사의 매출이 공공투자액(100억 원)만큼 늘어나고, 그 회사 직원의 급여가 50억 원 증가한다.

③ 소득이 늘어난 직원들은 15억 원을 소비했는데, 백화점에서 쇼핑을 더했다.

④ 백화점 매출은 15억 원 늘었고, 백화점 직원의 급여 등도 총 10억 원 증가했다.

5 백화점 직원들은 늘어난 10억 원의 소득 가운데 3억 원을 외식에 소비한다.

6 그러고 나니, 외식업의 매출이 3억 원 늘어나고 외식업 종업원의 소득이 총 1억 원 증가한다.

7 외식업 종업원들은 늘어난 소득 1억 원 가운데 5,000만 원을 재화·서비스를 소비하는 데 사용했다.

8 이렇게 소득의 증가와 소비의 증가가 연결되어 연쇄 작용을 일으킨다.

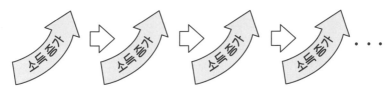

⑨ 또한 건설회사는 늘어난 매출 100억 원 가운데 30억 원을 자재 구입 등에 사용했다.

⑩ 이에 따라 자재를 판매하는 회사의 매출도 30억 원 늘어난다. 당연히 그 직원들의 소득도 늘고 직원들은 소비를 늘린다.

⑪ 이렇게 여러 경로를 통해서 연쇄적으로 증가한 국민소득의 합계가 500억 원이 되었다고 한다.

⑫ 100억 원의 투자가 500억 원의 국민소득 증가를 낳았으니 5배의 효과를 보았다고 할 수 있다. 이 5배를 승수라 하고 그 효과를 승수효과라고 부른다.

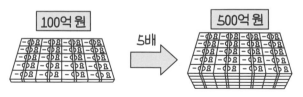

48. 재정 적자 Budget Deficit

국가와 지방자치단체의 지출(세출)이 수입(세입)을 웃도는 상태를 말한다.

① 국가와 지방자치단체는 이때 자금 부족을 보충하기 위해 일반적으로 국채나 지방채 등을 발행해 국민이나 주민에게 빚을 지게 된다.

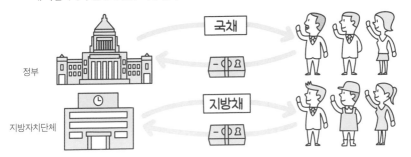

② 재정 적자가 누적되면, 국채나 지방채의 발행 잔고가 증가하고, 빚이 늘어나게 된다.

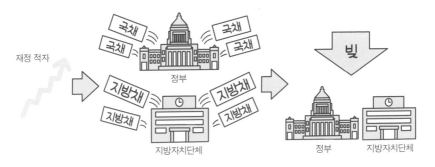

③ 그렇게 재정 적자가 쌓이면, 재정이 궁핍해지고 최악의 경우 재정 파탄의 우려도 나온다.

국가 재정의 심각도를 측정하는 기준으로 'GDP대비 재정 적자' 지표를 자주 이용한다.

49. 자동안전장치
Built-in Stabilizer

세금이나 사회보장제도 등과 같이, 경기[p.196]의 변동을 자동적으로 안정시키는 제도나 장치를 말한다. '오토매틱 스태빌라이저Automatic Stabilizer'라고도 한다.

① 법인세를 예로 들어 보자. 경기가 나빠지면 기업은 이익이 감소하기 때문에 법인세가 줄어들거나 적자를 기록해 법인세를 아예 내지 않게 된다.

② 법인세가 감소하거나 면제되는 상황은 감세와 같은 효과를 발휘하기 때문에 경기 악화를 막는 작용을 한다.

③ 반대로 경기 과열 국면에서는, 이익이 증가한 만큼 법인세도 증가하기 때문에 증세와 같은 효과가 나서 경기 과열을 억제하는 방향으로 작용한다.

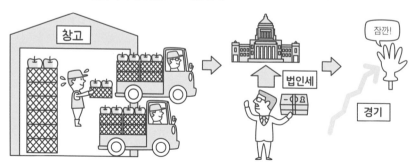

④ 실업보험 제도에도 이런 효과가 있다. 경기가 나빠서 실직하는 사람이 늘어나면 실업보험 지급이 증가한다.

⑤ 실업자가 보험이라도 받을 수 있기 때문에, 이 제도는 소비의 급격한 위축을 막는 방향으로 작용한다.

⑥ 반대로 경기가 좋아지면 실업보험금 지급이 줄어든다.

⑦ 그러면 자금 공급량이 감소해 경기 과열을 억제하는 방향으로 작용한다.

따라서 경기 과열이나 소비 위축을 세제나 사회보장제도를 이용해 '자동'으로 억제한다고 말할 수 있다.

50. 구축효과
Crowding Out Effect

정부의 재정지출 확대에도 불구하고 이자율 상승으로 민간투자가 감소하는 현상을 말한다.

① 한 나라의 정부가 경기 진작을 위해 대규모 공공투자를 실시했다고 하자.

② 이 공공투자의 자금을 조달하기 위해서는 국채를 대량으로 발행할 필요가 있다.

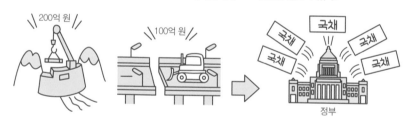

③ 이 국채를 구입하는 건 민간의 금융기관, 법인, 개인 등이므로, 정부는 민간에서 자금을 조달한 것이나 마찬가지다.

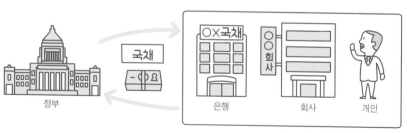

4 이렇게 민간의 자금이 국채 구입에 흡수된 나머지, 민간에 유통되는 자금량은 감소한다.

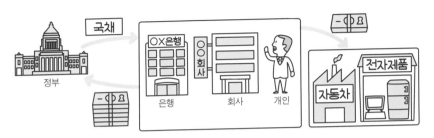

5 그러면 기업이 은행 등에서 자금을 조달해 설비투자를 하려 해도, 자금을 조달하려는 기업이 많기 때문에 시장 금리가 상승한다.

6 금리가 오른 결과, 회사 등의 자금 조달이 어려워지고 투자나 소비가 억제된다.

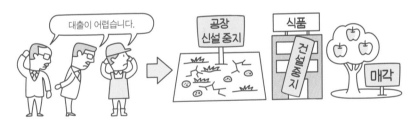

7 결과적으로 국민소득[p.133]의 증가로 이어지지 않게 된다.

이처럼 정부 정책에 의해 민간 경제활동이 '밀려'난다고 해서 '크라우딩 아웃Crowding Out'
이라고 부른다.

51. 유동성 함정 Liquidity Trap

금리가 매우 낮은 수준까지 하락하면 화폐 공급량을 아무리 늘려도 더는 금리가 내려가지 않아, 금리를 낮춰 투자와 소비를 진작하려는 금융정책이 먹히지 않는다는 이론.

① 정부는 경기가 침체하면 시장금리를 낮추기 위해 시장에서 채권(돈을 조달하는 측이 돈을 제공하는 측에 발행하는 유가증권으로, 후에 상환해야 한다)을 구입한다.

② 이를 통해 회사 등 민간에 대한 자금 공급량을 늘리고 투자와 소비가 증가하도록 유도하는 금융정책을 펼친다.

③ 그러나 좀처럼 경기가 호전되지 않는 상황에서 이러한 금융완화를 지속하면, 더 이상 금리를 낮출 수 없는 하한 수준에 이른다.

4 금리가 내려가지 않는다는 것은 장래에 금리가 상승, 바꿔 말하면 채권 가격이 떨어지리라고 예상한다는 것이다.

5 사람들은 앞으로 채권 가격이 내릴 것이라고 생각하기 때문에, 지금은 채권을 팔고 화폐를 보유하려 한다.

6 이 상태는 유동성 선호설[p.226]에서의 투기적 수요가 무한히 커지는 상황을 가리킨다.

7 이 상태에서는 중앙은행이 시장금리를 인하하려고 시장에서 채권을 구입해도, 채권을 팔려는 사람이 많아 시장에 채권이 쏟아지고 시장금리는 내려가지 않는다.

유동성 함정 이론은 케인스[p.266]가 《고용·이자 및 화폐의 일반 이론》에서 처음 지적했다.

52. 공채 Public Loan

국가나 지방자치단체 등의 빚, 즉 공적인 채무를 가리킨다.

① 채무자(돈을 빌리는 측)가 국가인 경우는 국채, 지방자치단체의 경우는 지방채라고 부른다.

② 국가나 지방자치단체의 경비는 세금으로 조달하는 것이 원칙이지만, 자금이 부족할 경우에는 채권을 발행하여 경비를 조달한다.

③ 이것이 채권 조달이며, 장차 세금으로 상환(변제)해야 하기 때문에 차입금과 같은 의미를 갖는다.

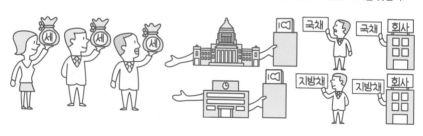

53. 고권 화폐
High Powered Money

고권 화폐는 중앙은행[p.154]이 공급하는 통화를 가리킨다.

1 고권 화폐는 시중에 돌고 있는 돈(현금통화)과 금융기관이 중앙은행에 맡긴 돈(중앙은행 당좌예금, 준비예금[p.164])의 합계 금액이다.

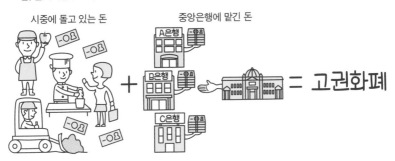

2 은행의 신용 창조[p.192] 활동을 통해 몇 배의 통화 공급(국내 가계나 기업 등에서 유통되고 있는 통화의 잔고)을 만들어 낸다는 의미에서 '하이 파워드 머니High Powered Money'라고 불린다.

3 중앙은행이 직접 통제할 수 있는 화폐의 양으로, 이를 제어함으로써 자금 공급을 적정 수준으로 유지한다.

또한 시중에 돌고 있는 돈의 총액의 바탕이 되는 통화라는 의미에서 '베이스 머니Base Money'라고도 불린다.

54. 리카도의 동등성 원리
Ricardian Equivalence

정부가 지출을 늘릴 때 그 재원이 증세든 국채 같은 공채[p.186]의 발행이든 실질적으로는 차이가 없고, 경제에 미치는 영향은 마찬가지라는 이론을 가리킨다.

영국의 경제학자
데이비드 리카도David Ricardo(1772~1823)가 처음 지적해서
'리카도의 동등성 원리'라 불린다.
'리카도의 중립명제(동등성 명제)'라 부르기도 한다.

① 예를 들어, 정부가 경기 부양을 위해 각 가계[p.19]에 1만 원의 감세를 실시하고, 그 재원은 국채 발행으로 조달한다고 하자.

② 10년 후 상환하는 국채의 경우, 10년 후에 결국 세금으로 상환해야 한다.

③ 세수가 늘어나면 문제없겠지만, 그렇지 않으면 증세를 통해 충당해야 한다.

④ 그때, 1만 원의 감세 혜택을 받은 사람(세대)과 10년 후에 증세 대상이 되는 사람(세대)이 동일하다면, 그 사람이 평생에 걸쳐 얻을 수 있는 가처분소득(실제 사용할 수 있는 소득)은 변하지 않는다.

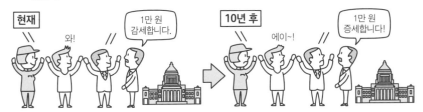

⑤ 미래의 증세에 대비해 감세분인 1만 원을 저축해 두고, 미래의 증세로 인해 소득이 감소하는 몫을 그 1만 원의 저축으로 보충한다고 생각하기 때문이다.

⑥ 따라서 각 가계에 1만 원의 감세를 실시할 때, 같은 금액의 증세를 실시해 재원을 조달했을 경우와 효과는 변함없고, 감세의 혜택이 상쇄된다.

⑦ 즉, 국민이 미래의 증세를 정확히 전망한다면, 국채 발행으로 감세를 실시해도 사람들은 소비를 늘리지 않고, 결국 행동에 미치는 영향은 없다고 리카도는 판단했다.

55. 배로의 동등성 원리
Barro's Equivalence

세대가 다른 경우에는 리카도의 동등성 원리[p.188]가 통용되지 않는다는 주장에 대해, 동등성 원리는 세대를 초월해서 통용된다고 논박한 것을 말한다.

미국의 경제학자
로버트 배로Robert Barro(1944~)가 처음 지적해서
'배로의 동등성 원리'라 불리는데, '배로의 중립명제'라
부르기도 한다.

① '리카도의 동등성 원리'는 감세의 혜택을 받는 사람(세대)과 미래의 증세에 영향을 받는 사람(세대)이 같다고 상정한다.

② 따라서 감세 혜택을 받는 사람(세대)과 미래의 증세 영향을 받는 사람(세대)이 다른 경우에도 이 원리가 통용될지에 대한 논의가 있었다.

③ 그러나 배로는 그러한 논의를 부정했다. 예를 들어, 감세를 실시하는데 국채로 재원을 확보했다고 하자.

④ 국채를 발행하면 그 국채를 상환할 때, 상환에 따른 증세를 부담하는 세대는 당초 감세 혜택을 받은 세대와는 다른 이들이다.

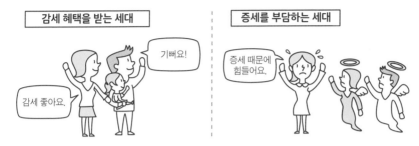

⑤ 그러나 배로는 부모 세대가 감세의 혜택을 받았다고 해도, 자식이나 손자 세대가 미래에 세금을 부담하게 된다고 생각해 감세분을 소비하지 않고 유산의 형태로 남기려 한다고 생각했다.

⑥ 따라서 세금을 깎아 주고, 그 재원인 국채를 상환할 때 증세를 부담하는 세대가 자녀나 손자 세대라고 해도 감세분을 소비하지 않고 유산으로 남기려 한다.

⑦ 그 결과 사람들의 행동에 변화는 생기지 않는다며, 세대의 틀을 넘어서도 동등성 원리가 성립한다고 주장했다.

56. 신용 창조 Credit Creation

은행[p.153]이 돈을 예치한 후 그 일부를 대출해 주고, 대출받은 기업[p.52]이 그 일부를 다시 은행에 예금하고 은행이 다시 그 일부를 대출하는 형태로 예금과 대출을 연쇄적으로 반복하는 것을 가리킨다.

① A은행이 B씨에게서 100만 원의 예금을 받았다고 하자.

② 은행은 예금자의 예금 환불 요청을 상정해 예금의 일정 비율을 중앙은행에 맡기는 것이 의무화(준비예금제도[p.164])돼 있으며, 예금에 대한 이 금액(법정 준비예금)의 비율을 법정 지급준비율이라고 한다.

③ 법정 지급준비율을 10%로 하면, A은행은 B씨의 예금 100만 원 가운데 법정 준비금 10만 원(100만 원×10%) 이외의 나머지 90만 원을 C사에 대출한다.

④ C사는 A은행에서 빌린 90만 원으로, D사에 설비 투자 대금 90만 원을 지불했다.

5 C사에서 대금을 지급받은 D사는 그 90만 원을 그대로 A은행에 예금했다. A은행의 예금은 90만 원 증가한다.

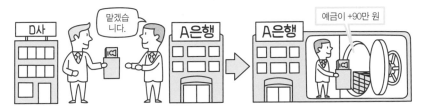

6 A은행은 D사에서 맡긴 90만 원의 예금 가운데 법정 준비금 9만 원(90만 원×10%) 이외의 나머지 81만 원을 다시 E사에 대출한다.

7 E사는 거래처인 F사에 81만 원을 결제대금으로 지불하고, F사는 81만 원을 A은행에 또 예금한다.

8 이것을 반복하면, A은행의 예금은 100만 원+90만 원+81만 원+… 이렇게 점점 늘어간다. A은행의 처음 100만 원이 그 몇 배의 역할을 해 나가는 구조가 신용 창조다.

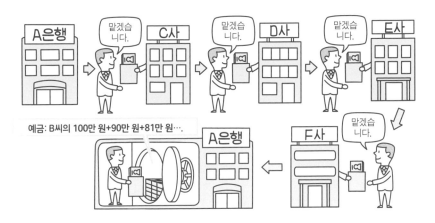

57. 노동시장의 균형
Equilibrium of Labor Market

노동이라는 서비스의 시장[p.20]도 재화·서비스[p.13]의 시장과 동일하게, 수요와 공급[p.34]이
균형을 이루는 곳에서 가격[p.100]이 결정된다는 의미.

① 노동시장은 기업의 노동 수요와 가계의 노동 공급이 거래되는 곳이다.

② 가격(임금)이 높을수록 일하고 싶어 하는 사람이 증가하므로 노동 공급은 늘어난다.

③ 반대로, 가격(임금)이 낮으면 일하고 싶어 하는 사람은 감소하므로 노동 공급은 줄어든다.

④ 따라서 노동의 공급곡선도 재화·서비스의 공급곡선과 마찬가지로 오른쪽 위로 올라간다.

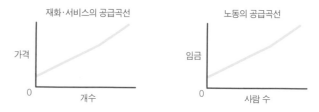

⑤ 한편 기업은 가격(임금)이 오르면 채용을 줄이거나 기존의 직원을 줄이려고 하므로 노동 수요는 감소한다.

⑥ 반대로 가격(임금)이 내려가면 기업은 채용을 늘리려 하므로 노동 수요는 증가한다.

⑦ 따라서 노동의 수요곡선도 재화·서비스의 수요곡선과 마찬가지로 오른쪽 아래로 내려간다.

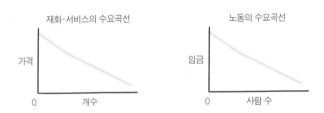

⑧ 이렇게, 최종적으로 임금은 노동의 공급곡선과 수요곡선이 교차하는 점, 즉 균형을 이루는 곳에서 결정된다.

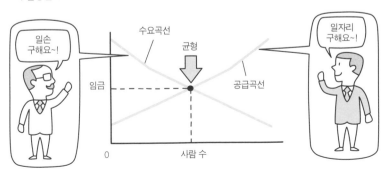

58. 경기 Economic Conditions

매매나 거래 같은, 경제활동 전반의 상황을 가리킨다.

1 경기가 좋은 상황을 호경기라고 한다. 호경기에는 GDP[p.122]가 증가한다.

2 호경기에는 소비가 증가해 재화·서비스[p.13]의 생산도 증가한다. 당연히 노동력의 수요[p.35]도
늘어나 실업률이 낮아진다.

3 호경기의 반대로, 경기가 나쁜 상황을 불경기라고 한다. 불경기에는 GDP가 감소한다.

4 불경기에는 재화·서비스 생산이 감소한다. 당연히 노동력의 수요가 줄어들어 실업률이 올라간다.

59. 경기동향지수 Diffusion Index

경제 전반의 경기[p.196]동향을 파악하기 위해, 정부 기관이 그 나라의 경제 동향을 나타내는 여러 통계를 종합해 작성한 지표를 말한다.

① 경기동향지수는 지표의 성질에 따라 3개의 지수로 나눌 수 있다. 첫째는 '일치지수'로, 바로 눈앞의 동향을 표현할 때 쓰이며 현재의 경기 상황을 파악하는 데 도움이 된다.

② 둘째는 '선행지수'로, 수개월 후의 경기 전망을 나타내고 있어 경기의 움직임을 예측하는 목적으로 사용한다.

③ 셋째는 '후행지수'로, 이 지수는 수개월 전의 경기를 나타내고 있어 사후적인 확인을 위해 사용한다.

경기에 민감하게 영향을 주는 생산·고용 등 다양한 경제활동과 관련된 지표의 움직임을 통합함으로써, 지수의 수치 변화에서 경기변동의 방향과 추세를 알 수 있다.

60. 경기순환 Business Cycle

자본주의 경제에서는 경기[p.196]의 확장(상승)과 수축(하강) 과정이 교대로 반복된다. 그 순환적인 움직임을 경기순환 또는 경기변동이라고 한다.

① 생산이나 소비 등 경제활동이 활발해지는 것을 경기 확장(회복, 호황)이라고 한다.

② 경기 확장의 반대로, 생산이나 소비 등 경제활동이 둔화되는 것을 경기 수축(후퇴, 불황)이라고 한다.

③ 또한 경기순환에서, 상승에서 하강으로 가는 전환점을 경기의 정점, 하강에서 상승으로 가는 전환점을 경기의 저점이라고 부른다.

순환의 파형으로 몇 가지가 있다. 대표적인 것은 키친 파동[p.230], 주글라 파동[p.232], 쿠즈네츠 파동[p.233], 콘드라티예프 파동[p.234] 등이다. 이것들이 복합적으로 겹쳐 경기순환이 형성된다.

61. 고통지수 Misery Index

'비참지수'라고도 부른다. 경제적으로 얼마나 어려운 상황에 처해 있는지를 보여 주는 지수.

1 소비자물가지수(CPI[p.135])의 전년 대비 상승률(인플레이션율)에 실업률을 더해 구한다.

2 정부가 공표하는 정식 지표는 아니지만 물가 상승과 실업률 악화는 사람들의 생활을 압박하기 때문에 수치가 올라갈수록 생활의 어려움을 나타낸다고 할 수 있다.

3 또한 이 수치가 높다는 것은 경기 악화와 인플레이션[p.156]이 공존하는 스태그플레이션[p.161]을 의미한다.

일반적으로 고통지수가 10%를 넘으면 국민의 불만이 높아지며, 20%를 넘으면 정권 재창출이 어렵다고 한다.

62. 총공급 Aggregate Supply

기업 등이 일정 기간 동안 생산한 재화·서비스[p.13] 가치[p.16]의 합계이며, 국내에서 1년간 생산된 가치의 합계인 GDP[p.122]라고도 할 수 있다.

63. 총수요 Aggregate Demand

다양한 가격[p.100](물가[p.134]) 수준의 재화·서비스[p.13]에 대한 수요[p.35]의 합계. 국내에서 1년간 생산된 가치의 합계(GDP)[p.122]에 대한 전체 수요라고도 할 수 있다.

64. 총공급곡선 Aggregate Supply Curve

물가수준이 변화할 때 총생산(실질GDP[p.130])이 어떻게 변화하는지를 나타내는 곡선. 개별 생산자(기업 등)의 총계이기 때문에 가격[p.100](물가[p.134])이 변화하면 생산자는 이익을 극대화하기 위해 생산량을 달리한다.

1 가격(물가)이 상승하면 생산량을 늘리고 가격(물가)이 하락하면 생산량을 줄이므로, 그 총계인 총공급곡선도 오른쪽 위로 올라가는 그래프가 된다.

2 또한 비용이 내려가면 생산자는 더 많은 재화·서비스를 공급할 수 있기 때문에, 총공급곡선은 오른쪽으로 이동한다.

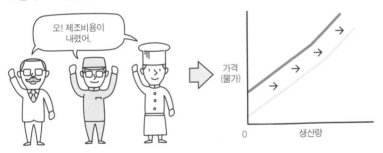

3 그 반대로, 제조비용이 오르면 재화·서비스의 공급이 전보다 어려워지기 때문에, 총공급곡선은 왼쪽으로 이동한다.

65. 총수요곡선 Aggregate Demand Curve

물가수준이 변화하면 총수요(=실질GDP[p.130])가 어떻게 변화하는지를 나타낸 곡선. 소비자와 기업[p.52], 정부 등이 구입하는 재화와 서비스[p.13]의 합계(총수요)를 가로축, 물가수준을 세로축으로 그린 그래프로 표시한다.

① 가격(물가) 수준이 내려가면, 재화·서비스에 대한 수요가 늘기 때문에 오른쪽 아래로 내려가는 곡선이 된다.

② 소비자가 저축을 덜 하고 소비를 늘릴 경우, 총수요가 증가하여 총수요곡선은 오른쪽으로 이동한다.

③ 반대로, 증세로 인해 소비가 감소하면, 총수요가 감소하여 총수요곡선은 왼쪽으로 이동한다.

또한 총공급곡선[p.201]과 총수요곡선이 만나는 교차점에서 결정되는 실질GDP[p.130]의 수준을 매크로 균형이라 한다. 총공급과 총수요가 같기(균형) 때문이다.

66. 공급 중시 경제학
Supply-side Economics

경제 발전을 위해 공급[p.35] 측면에 초점을 두고 분석하는 경제학[p.12]을 가리킨다. '공급 측면 경제학' 또는 '공급주의 경제학'이라고도 한다.

1. 생산 활동 증진을 위해 정부는 규제 완화와 감세 등을 실시하고, 정부의 역할을 축소해야 한다는 주장이다.

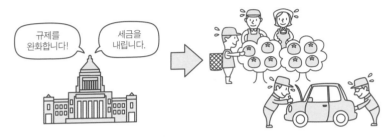

2. 규제 완화로 기업의 생산 활동을 활발하게 하고, 감세를 통해 기업의 투자를 촉진한다.

3. 이에 따라 기업의 생산과 고용이 늘어나고, 개인 소비도 늘어나서 경제성장을 도모할 수 있다고 판단한다.

1970년대 후반 미국에서 등장해 레이건 정부 경제정책(레이거노믹스)의 이론적 기반이 되었다.

67. 수요 중시 경제학
Demand-side Economics

경제적 안정을 달성하기 위해 수요[p.35] 측면에 작용하는 정책을 분석하는 경제학[p.12]을 말한다. 케인스 경제학[p.266]으로 일컫는다. '수요 측면 경제학' 또는 '수요주의 경제학'이라고도 한다.

① 수요 중시 정책은 총수요를 움직여 총수요곡선을 좌우로 이동시킨다.

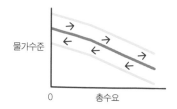

② 그중 하나가 재정 정책, 즉 정부가 세금이나 정부 지출을 조작함으로써 경제를 안정시키려는 정책이다.

③ 예를 들어 국민의 살림에 여유를 주기 위해 감세를 하면, 여유 자금으로 인해 개인 소비가 늘어난다.

④ 기업은 소비에 대응하기 위해 생산을 늘린다. 그러면 고용도 증가하고, 경제는 성장한다.

68. 통화주의 Monetarism

통화 정책을 중시하는 사고로, 신고전파 경제학[p.286]을 대표하는 밀턴 프리드먼[p.276]이 주창하였다. 또 이를 지지하는 경제학자를 통화주의자Monetarist라고 부른다.

1 경제는 자유로운 시장에 맡겨야 하며 큰 정부는 불필요하다고 생각했다.

2 정부는 재정수지 균형을 꾀하는 데 주력하고, 정책은 물가 안정을 위해 화폐량 증가율을 일정 비율로 고정하는 데 그쳐야 한다고 주장했다.

3 적극적인 재정 정책 등으로 유효수요를 창출해야 한다는 케인스학파를 비판하며 탄생한 개념이다.

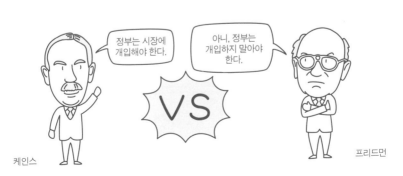

69. 세이의 법칙 Say's Law

공급[p.35]은 그와 동일한 수요[p.35]를 만들어 낸다는, 즉 가격 메커니즘이 작동하는 시장[p.20]에서는 생산한 것이 모두 팔리기 때문에, 경제 수준은 공급의 크기에 의해 결정된다는 이론.

고전파 경제학[p.284]의 근간을 이루는 법칙이며, 프랑스 경제학자 장 바티스트 세이Jean-Baptiste Say(1767~1832)의 이름을 따서 '세이의 법칙'이라 부른다.

① 어떤 재화나 서비스에 대해서 공급이 수요를 웃도는 상태(공급 과잉)가 되었다고 하자.

② 그런 상태가 되면, 판매자는 판매가를 즉시 내림으로써 수요를 늘리고, 결국 수요와 공급은 균형을 맞춘다는 이론이 '세이의 법칙'이다.

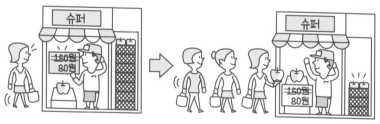

③ 한 가구업체가 소파를 100개 만들어 팔려고 한다.

④ 100개를 만들었지만 80개밖에 팔리지 않아 20개가 재고로 남았다.

⑤ 그러자 가구업체는 소파의 판매가를 5만 원에서 4만 원으로 내렸다.

⑥ 그러자 소파가 모두 매진되었다(수급 균형[p.39]). 공급 측이 움직임으로써 수요를 창출하고, 결국 수급 균형에 이르는 상황이 이 법칙에 해당한다.

그러나 가격을 임기응변으로 정해 공급 과잉을 회피하는 상황이 현실 경제에 맞아떨어진다고 할 수 없는 면이 있다. 후에 세이는 마르크스[p.262]나 케인스[p.266] 등으로부터 현실 경제에 입각하지 않았다는 비판을 받는다.

70. 래퍼 곡선 Laffer Curve

일반적으로 세율이 올라가면 어느 정도까지는 세수가 늘어나지만,
일정한 세율을 넘어 올라가면 반대로 세수가 줄어드는 것을 나타낸 곡선이다.

미국의 경제학자
아서 래퍼Arthur Laffer(1940~)가
주장한 이론으로, 세율과 세수의 관계를 나타낸 곡선이다.

① 가로축에 세율, 세로축에 세수를 놓고 아래와 같이 그래프화한 것. 세율이 너무 높으면 일을 해도 세금으로 다 나간다고 생각해 일할 의욕이 떨어지고, 그 결과 생산량과 소득이 줄어 세수가 줄어든다.

② 최종적으로 세율이 100%가 되면, 즉 일하고 얻은 수입 전부를 세금으로 빼앗기면, 일을 해도 소용없다고 생각하기 때문에 아무도 일하지 않게 되어 세수는 '0'이 되고 만다.

③ 따라서 래퍼 곡선의 오른쪽에 해당하는 높은 세율을 매기는 상황에서는, 세율을 낮춤으로써 세수를 늘리는 것이 이론적으로 가능하다.

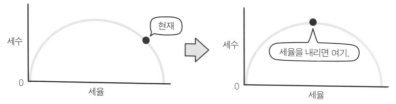

이 주장은 레이건 정부의 1981년 감세 정책의 근거가 됐고 그 정책은 레이거노믹스로 불렸지만, 실제로 감세에 따라 세수가 증가하지는 않았다.

71. 합성의 오류 Fallacy of Composition

미시경제학[p.30]에서는 합리적이라고 생각할 수 있는 현상이 거시경제학[p.30]에도 똑같이 적용된다고 볼 수 없는 것을 말한다. '구성의 오류'라고도 한다.

① 가령 경기가 나빠 소득이 줄어들 때, 개개인이 절약해서 저축을 늘리는 행동은 개인 기준으로는 합리적인 행동이다.

② 하지만 사회 전체로 보면, 소비가 감소해서 경기가 더 나빠지는 결과가 올 수도 있다.

③ 또한 기업이 경영 효율을 올리기 위해 공장 재편이나 사업 통폐합을 추진하는 것은 기업들에게는 합리적인 행동이다.

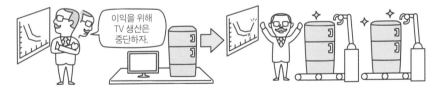

④ 그러나 구조조정의 결과, 실업자 증가와 급여 삭감 등을 통해 개인 소비가 위축되면서 경기가 더 악화되기도 한다.

72. 원고圓高 Appreciation

달러나 유로 등 다른 나라의 통화에 대해 우리 화폐인 '원'의 가치[p.16]가 높은 상태를 말한다. 여기서는 원과 달러를 사용하는 경우를 살펴본다.

① A씨는 미국으로 여행할 예정이며, 원화를 달러로 바꾸기 위해 은행에 갔다. 1달러를 1,200원으로 환전할 수 있어 12만 원을 주고 100달러를 받았다.

② 이튿날 A씨는 100달러가 더 필요해 다시 은행에 갔다. 그러자 환율이 변해 '1달러: 1,000원'이 되어, 10만 원을 주고 100달러를 받았다.

③ 어제와 오늘을 비교해 보자. 어제는 1달러 사는(교환하는) 데 1,200원이 필요했지만, 오늘은 1,000원이 들었다.

4 즉, 어제에 비해 오늘 1달러를 교환하는 데 원이 덜 들었으므로 원의 가치가 오른 셈이다(달러의 가치가 떨어진 셈이다). 이 상태를 '원고高-달러저低'라고 한다.

5 원고-달러저의 장점을 살펴보자. 가장 중요한 점은 해외에서 국내로 수입되는 재화와 서비스 [p.13]의 가격이 내린다는 것이다.

6 반면에 원고-달러저의 단점은 국내에서 해외로 수출하는 산업에 타격을 주는 것이다.

또한 원고 상태가 되면 국내에서 생산해 수출하는 것보다 해외에서 생산해 판매하는 편이 기업에 더 유리하다. 따라서 기업은 해외로 생산 거점을 옮기려 하므로 국내의 고용에 부정적 효과를 가져온다.

73. 원저圓低 Depreciation

달러나 유로 등 다른 나라의 통화에 대해 원의 가치[p.16]가 낮은 상태를 말한다.

① A씨는 미국으로 여행할 예정이며, 원화를 달러로 바꾸기 위해 은행에 갔다. 1달러를 1,000원으로 환전할 수 있으므로 10만 원을 주고 100달러를 받았다.

100달러
=
10만 원

② 이튿날 A씨는 100달러가 더 필요해 다시 은행에 갔다. 그러자 환율이 변해 '1달러:1,200원'이었으므로, 12만 원을 주고 100달러를 받았다.

100달러
=
12만 원

③ 어제와 오늘을 비교해 보자. 어제는 1달러 사는(교환하는) 데 1,000원이 필요했지만, 오늘은 1,200원이 들었다.

어제	오늘
1달러	1달러
=	=
1,000원	1,200원

④ 즉, 어제에 비해 오늘이 1달러를 교환하는 데 원이 더 들었으니 원의 가치가 떨어진 셈이다(달러의 가치가 오른 셈이다). 이 상태를 '원저低-달러고高'라고 한다.

⑤ 원저-달러고의 단점을 살펴보자. 가장 중요한 점은 해외에서 국내로 수입하는 재화·서비스의 가격이 오른다는 것이다.

⑥ 반면 원저-달러고의 장점도 있다. 국내에서 해외로 수출하는 산업의 원화 수입이 증가한다.

또한 원저 상태가 되면 해외에서 생산하는 것보다 국내에서 생산하는 것이 기업에 유리하다. 그러면 기업이 생산 거점을 국내로 되돌리려 하므로 국내의 고용에 긍정적으로 작용한다.

74. 양적 완화
Quantitative Easing

중앙은행[p.154]이 시장에 공급하는 자금량을 조절할 목적으로 실시하는 금융완화책을 말하며, QE(Quantitative Easing)라고도 한다.

① 중앙은행이 경기 진작을 목적으로 금융정책을 실시하는 경우, 일반적으로 정책 금리를 인하한다.

② 정책 금리를 인하하면 은행의 대출 금리가 떨어져 개인과 기업은 은행에서 자금을 대출받아 경기 회복에 기여한다.

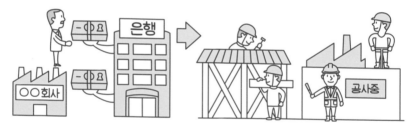

③ 그러나 금리를 계속 인하한 결과, 금리가 0%까지 내려가 더 이상 낮출 수 없는 경우에는 금융완화 정책을 실시한다.

④ 구체적으로는, 중앙은행이 국채 등을 매입해서 시장에 자금을 늘린다. 금리가 0%라도 시중에 돈을 넉넉히 공급할 수 있다.

5 실제로 미국은 리먼 사태 후의 세계 금융 위기[p.294]와 뒤이은 경기 침체에 대처하기 위해 2008년에 양적 완화를 단행해 2014년까지 계속했다.

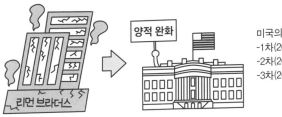

미국의 양적 완화
-1차(2008년 11월~2010년 6월)
-2차(2010년 11월~2011년 6월)
-3차(2012년 9월~2014년 10월)

6 일본은 2001년부터 2006년에 걸쳐 실시한 것 외에도, 2013년부터 양적 완화의 일종인 '양적·질적 금융완화'를 도입했다.

7 이들 국가는 양적 완화를 통해 소비와 투자를 자극할 뿐 아니라, 자국 통화 약세에 따른 수출 경쟁력 제고 등을 통한 경기 부양 효과를 기대하면서 이 정책을 추진했다.

8 한편, 양적 완화로 풍부하게 공급된 자금은 신흥국이나 원유 등의 상품 시장으로 흘러간다. 이 때문에 양적 완화가 신흥국의 통화나 자원 가격에 영향을 미치기도 한다.

75. 노동가치설 Labor Theory of Value

상품의 가치[p.16]는 그 상품을 생산하기 위해 소비된 노동시간에 의해 결정된다는 이론.

카를 마르크스

영국의 윌리엄 페티William Petty(1623~1687)가 착안해
고전파 경제학[p.284]의 애덤 스미스[p.254]와
데이비드 리카도[p.256] 등에 의해 발전,
카를 마르크스[p.262]에 의해 완성된 이론이다.

① 마르크스는 《자본론》에서 상품의 가치에는 '사용가치'와 '교환가치' 두 가지가 있다고 고찰했다.

② 사용가치는 쓸모(유용성)가 있는 가치를 말한다. 연필과 지우개는 각각 용도가 다르지만, 쓸모가 있다는 면에서 사용가치가 있다.

글자를 쓰고

글자를 지우고

③ 한편, 교환가치는 상품을 교환할 때의 가치를 말한다. 예를 들어, A씨는 연필 3개를 B씨의 지우개 2개와 교환할 만하다고 생각한다고 하자.

연필 3개에
지우개 2개로
교환합시다.

④ 마찬가지로, B씨도 자신의 지우개 2개와 A씨의 연필 3개를 교환해도 괜찮다고 생각한다.

지우개 2개에 연필 3개로 교환합시다.

⑤ 그러면 연필 3개=지우개 2개가 교환가치가 된다. 마르크스는 각각 다른 사용가치를 가진 상품을 교환할 때 그 배후에 있는 공통점이 바로 노동이라고 생각했다.

⑥ 연필을 만드는 데도, 지우개를 만드는 데도 노동이 필요하다. 연필 3개를 만드는 데 들어간 노동량과 지우개 2개를 만드는 데 들어간 노동량이 같아 서로 교환할 수 있는 것이다.

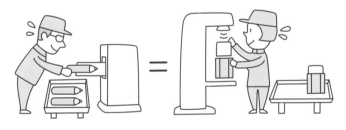

⑦ 즉, 상품 가치의 기본이 되는 것은 노동이며, 노동으로 인해 가치를 지닌다고 생각했다.

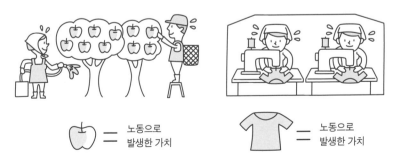

노동으로 발생한 가치

노동으로 발생한 가치

76. 한계혁명 Marginal Revolution

상품의 가치[p.16]는 노동에서 결정된다는 노동가치설[p.216]에 대해, 상품의 가치는 주관적 효용으로 결정된다는 주장을 말한다. 이 주장이 오늘날 이론 경제학의 기초를 형성하였기 때문에 '한계혁명'이라 한다.

🔵 1870년대 영국의 윌리엄 제번스William Jevons(1835~1882), 오스트리아의 카를 멩거Carl Menger(1840~1921), 프랑스의 레옹 발라Leon Walras(1834~1910)가 각각 한계효용[p.42]에 근거한 가치이론을 발표, 한계분석의 방법을 본격적으로 경제학에 도입했다.

W. 제번스   카를 멩거   레옹 발라

① 고전파 경제학[p.284]이나 마르크스 경제학에서는 상품의 가치는 노동으로 결정된다는 노동가치설을 취한 데 비해, 이들은 상품의 가치가 주관적 효용으로 결정된다고 봤다.

② 더운 여름날 목마를 때 구입한 생수 1병으로부터 얻을 수 있는 효용(만족감)을 100이라 하자.

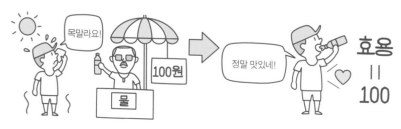

③ 2병째 마실 때도 목의 갈증이 완전히 해소되지 않았기 때문에 만족감이 있다. 하지만 처음보다
는 줄어들어 70이 된다.

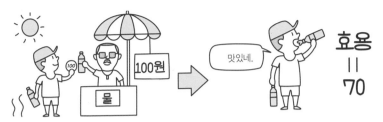

④ 3병째가 되면 마셔도 그만, 안 마셔도 그만인 상태가 되기 때문에 30으로 떨어지고, 4병째가 되
면 더 이상 필요 없기 때문에 0이 된다.

⑤ 이렇게 1단위씩 소비량을 늘려 갈 때의 효용을 한계효용이라 한다. 소비량이 늘어나면서 한계효
용은 줄어든다(한계효용 체감의 법칙[p.43]).

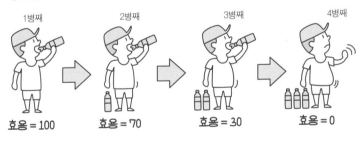

⑥ 이것은 상품의 가치를 인간의 효용으로 판단한다는 점에서 커다란 전환이었다.

소비자행동을 주관적인 가치이론으로 설명하는 한계효용이론은 그 후 기업의 경제행동 분석
(한계생산력설)으로까지 발전했다. 또한 1단위 증가 시의 변화를 보기 위해 편미분을 사용함
으로써 경제학[p.12]과 수학을 결합하게 되었다는 점에서도 획기적이었다.

77. 행동경제학 Behavioral Economics

인간이 언제나 합리적으로 행동한다고는 볼 수 없다는 점에 착안해, 인간의 심리나 감정 등을 통합적으로 분석하는 경제학[p.12].

2002년 행동경제학자
대니얼 카너먼Daniel Kahneman(1934~)이
노벨 경제학상을 수상하면서 주목을 받게 되었다.

① 전통적인 경제학에서는, 인간은 금전적인 이익을 최대화하도록 합리적인 행동을 취하는 것을 전제로 이론을 구축하고 있었다.

② 그러나 실제로는 합리적이라고 볼 수 없는 행동을 취하는 경우가 많다. 이러한 비합리적인 인간 행동의 습관이나 경향에서 일정한 법칙을 찾는 학문이 행동경제학이다.

③ 예를 들어, 멜론을 먹고 싶은 A씨가 B씨로부터 다음과 같은 제안을 받았다고 하자.

④ 합리적인 행동을 취한다면, 지금 멜론 1개를 받을 게 아니라 한 달을 기다려 2개를 받아야 한다.

⑤ 하지만 먹고 싶은 유혹을 이기지 못하고 당장 멜론 1개를 받는 쪽을 선택하는 경우가 흔하다. 당장의 만족감을 우선시하는 행동의 한 사례다.

⑥ 또 다른 예로, C씨가 10만 원짜리 복권에 당첨되었다고 하자.

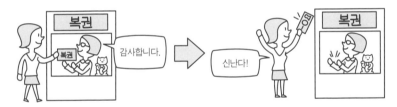

⑦ C씨는 아르바이트로 번 10만 원을 예금할 정도로 구두쇠다.

⑧ 그러나 복권 당첨금 10만 원은 눈 깜짝할 사이에 스테이크 먹는 데 썼다. 구두쇠 C씨의 입장에서는 합리적인 행동이라고 할 수 없다. 그러나 쉽게 얻은 돈은 낭비하기도 쉽다는 행동의 한 사례로 볼 수 있다.

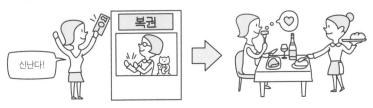

78. 절대적 잉여가치
Absolute Surplus Value

잉여가치의 한 형태. 잉여가치는 이익이며, 자본주의 사회는 잉여가치를 많이 획득하는 것을
목적으로 하고 있다. 기업[p.52](자본가)이 노동자의 노동시간을 연장함으로써 획득하는 잉여
가치를, 마르크스[p.262]는 이렇게 불렀다.

① 이익의 원천을 생각할 때, 노동을 둘로 나눈다. 하나는 노동자가 제공하는 노동의 가치인 '필요
노동'이다.

② 또 하나는 자본가의 이익을 위한 노동인 '잉여노동'이다.

③ 노동자의 총노동시간은 필요노동시간과 잉여노동시간의 합계가 된다.

$$노동자의\ 총노동시간 = 필요노동시간 + 잉여노동시간$$

④ 필요노동시간은 노동자가 임금을 획득하기 위해 쓰는 노동시간이며, 잉여노동시간은 기업(자본
가)이 이익을 얻기 위해 쓰는 노동시간이다.

⑤ 기업은 이익을 늘리려 하므로, 가능한 한 잉여노동시간을 늘리려고 한다. 절대적 잉여가치는 잉여노동시간을 늘림으로써 기업이 얻을 수 있는 이익이다.

⑥ 예를 들어, 어느 공장에서 일하는 A씨의 하루 총노동시간(8시간) 중 5시간이 A씨의 임금을 벌기 위해서 충당되었다고 하자. 즉, 이 5시간은 필요노동시간이다.

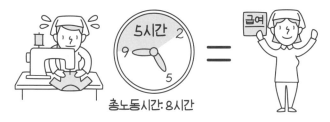

총노동시간: 8시간

⑦ 따라서 이 공장에서 일하는 A씨의 총노동시간(8시간) 중 3시간은 기업의 이익에 기여한다. 즉, 3시간은 잉여노동시간이다.

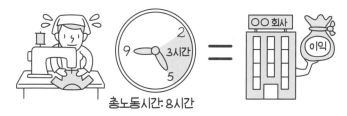

총노동시간: 8시간

⑧ 기업은 이익을 늘리기 위해 A씨의 총노동시간을 8시간에서 10시간으로 늘린다. 이 경우 증가한 2시간은 잉여노동시간, 즉 기업의 이익 확대에 기여하여 절대적 잉여가치를 늘리게 된다.

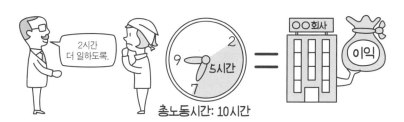

총노동시간: 10시간

79. 상대적 잉여가치
Relative Surplus Value

마르크스[p.262]가 명명한 잉여가치의 한 형태. 기업[p.52](자본가)은 잉여가치인 이익을 늘리기 위해 효율화나 합리화를 실행한다. 이렇게 상대적으로 증가한 잉여노동시간이 생겨나고 거기서 잉여가치가 탄생한다.

① 기업(자본가)은 노동자의 총노동시간을 늘려 이익을 획득하려 하지만, 거기에는 한계가 있다.

② 그러자 노동자의 필요노동시간을 줄이고 잉여노동시간을 늘려서 기업의 이익을 늘리고자 한다.

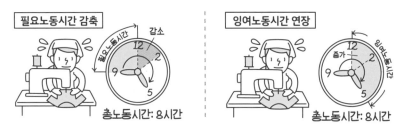

③ 어느 공장에서 일하는 A씨의 하루 총노동시간이 8시간이라고 하자.

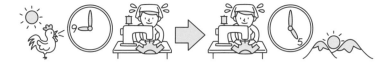

④ A씨의 총노동시간 8시간은 그대로 둔 채, A씨가 담당하던 공정의 일부를 기계화하여 생산성을 올림으로써 A씨의 필요노동시간을 5시간에서 3시간으로 단축한다.

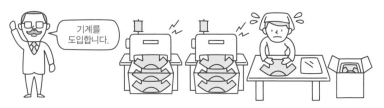

5 그러면서 A씨의 잉여노동시간을 3시간에서 5시간으로 늘렸다.

6 그러면 A씨의 임금은 감소하지만 기업(자본가)의 이익은 증가한다.

7 따라서 이익을 추구하는 자본주의 사회에서 기업은 생산성 향상을 위해 노력함으로써 노동자의 몫인 임금을 감소시키려 한다.

8 그와 동시에, 기업(자본가)의 몫인 이익이 늘어간다. 마르크스는 이렇게 판단한 것이다.

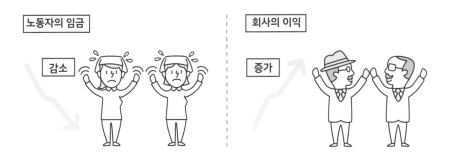

80. 유동성 선호설
Liquidity Preference Theory

언제라도 재화나 서비스[p.13]를 살 수 있고 유사시에도 유용하게 쓸 수 있는데다, 다른 자산과 비교해도 유리하기 때문에 사람들은 돈을 기본적으로 선호한다. 이러한 돈에 대한 수요와 공급[p.34]에서 이자율이 결정된다는 이론을 가리킨다.

존 메이너드 케인스[p.266]가
《고용·이자 및 화폐의 일반 이론》에서 주장한
이자율 결정에 관한 이론을 가리킨다.

① 자산을 화폐로 소유하려는 동기는 세 가지다.

② 첫째, 일상적인 거래를 하기 위해 화폐를 보유하는 '거래 동기'다. 수중에 현금 100만 원을 가지고 있으면 언제든지 빵을 살 수 있다.

③ 둘째, 예측할 수 없는 사태의 지출에 대비해 화폐를 준비하는 '예비적 동기'다. 갑자기 병에 걸려도 화폐를 갖고 있으면 약을 살 수 있다.

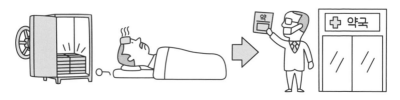

4 셋째, 수익을 얻기 위해 화폐를 보유하는 '투기적 동기'다. 예를 들어, 장래에 주식이나 채권의 가치가 떨어질 것으로 예상하면 현금으로 가지고 있는 편이 원금 손실의 가능성이 없으므로 유리하다.

5 이 세 가지 이유 때문에 사람들은 유동성이 높은 현금을 선호한다. 이러한 현금 수요에 대한 중앙은행의 화폐 공급의 균형점에서 이자율이 결정된다.

6 결국 주식과 채권 등의 유가증권을 보유함으로써 얻을 수 있는 이자는, 현금이라는 유동성을 처분함으로써 얻는 보상이라고 생각할 수 있다.

신고전파 경제학[p.286]에서는 이자율을 경제 전체의 저축과 투자의 균형에서 결정된다고 생각한 데 비해, 케인스는 화폐[p.152]의 수요와 공급[p.34]에서 이자율이 결정된다고 주장했다.

81. 자산 효과 Assets Effect

자산의 보유가 소비지출에 미치는 효과로, 피구 효과Pigou Effect[p.103]라고도 부른다. 신고전파[p.286] 경제학자와 케인스학파[p.266]와의 논쟁에서 비롯되었다. 임금과 물가[p.134]가 하락하면, 사람들이 보유하는 자산의 실질적 가치가 올라가고 그것이 소비를 증가시킨다는 주장이다.

① 예를 들어 A씨는 100만 원, B씨는 10만 원의 예금이 있고, 둘 다 월수입은 20만 원이라고 하자.

② 어느 날 물가가 하락해서, A씨와 B씨가 늘 사 먹던 빵이 200원에서 150원으로 내렸다.

③ 그와 동시에, A씨와 B씨의 월급도 20만 원에서 15만 원으로 인하되었기 때문에 월급으로 살 수 있는 빵의 개수는 변하지 않았다.

20만 원÷200원=1,000개

15만 원÷150원=1,000개

4 그러나 A씨의 예금으로 살 수 있는 빵의 개수는 아래와 같이 크게 올랐다. 즉, 100만 원의 실질적 가치가 오른 셈이다.

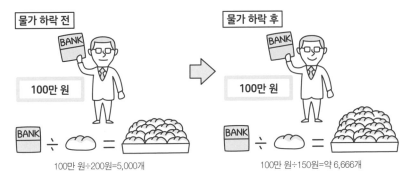

물가 하락 전 · 100만 원 · 100만 원÷200원=5,000개

물가 하락 후 · 100만 원 · 100만 원÷150원=약 6,666개

5 B씨도 10만 원의 예금이 있으므로, A씨처럼 실질적인 가치 상승을 누리게 되었다.

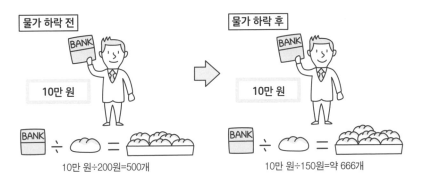

물가 하락 전 · 10만 원 · 10만 원÷200원=500개

물가 하락 후 · 10만 원 · 10만 원÷150원=약 666개

6 하지만 B씨보다 자산이 많은 A씨가 부자가 된 느낌이고, 지출을 늘려 소비에 영향을 미친다.

일반적으로는 보유 자산의 가치가 오른 덕에 소비나 투자가 증가하는 것까지 두루 포함해 자산 효과라고 부르는 경우가 많다. 실제로, 주가가 오르면 보유 주식의 가치 상승으로 주식을 팔아 현금화하지 않더라도 소비가 활발해지는 사례가 곧잘 나타난다. 이처럼 개인의 금융자산이나 부동산의 가치 상승도 소비를 늘리는 큰 원동력이 된다. 반대로 자산 가격 하락에 따라 소비가 줄어드는 것을 '역逆자산 효과'라 한다.

82. 키친 파동 Kitchin Cycle

경기순환은 기업[p.52]의 재고 변동에 의해 발생한다는 이론으로, 경기순환이 40개월 정도의 짧은 주기로 나타난다는 학설.

미국의 경제학자
조셉 A. 키친(1861~1932)이 처음 주장해서
'키친 파동波動'이라 부른다.

① 물건이 잘 팔리게 되면, 기업은 생산을 늘리고 재고가 줄어드는 상태가 된다.

② 그러자 기업은 주문을 받고서도 물건을 출고하지 못하는 기회 손실이 생기지 않도록 한층 더 생산을 늘린다.

③ 그 결과, 고용이 증가하고 임금도 오르기 때문에 소비가 활발해져 경기가 좋아진다.

④ 그러다가 매출이 둔화되면, 판매량보다 생산량이 증가하고 재고가 늘어간다.

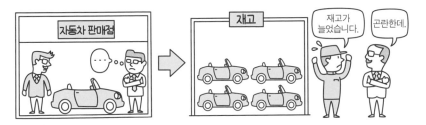

⑤ 이제 기업은 생산을 억제해 재고를 줄이는 쪽으로 선회하지만, 당분간 생산이 판매를 웃도는 상황이 계속되어 재고 증가가 유지된다.

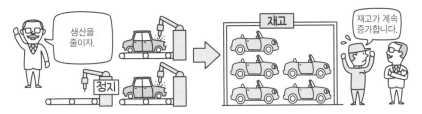

⑥ 그 후 기업은 한층 더 생산을 줄이지 않을 수 없게 되고, 이윽고 재고가 감소해 간다.

⑦ 그렇게 되면 기업은 직원의 임금을 깎거나 인원 구조조정을 실시하게 되고, 이제 소비가 위축돼 경기는 나빠진다.

이런 흐름으로 기업들이 재고 조정을 위해 생산의 확대와 축소를 반복하는 경기순환을 '키친 파동'이라 한다.

83. 주글라 파동 Juglar Cycle

경기순환[p.198]은 기업[p.52]의 설비투자의 변동에 의해서 생긴다는 주장.
이 순환은 10년 정도의 주기로 일어나는 것으로 알려져 있다.

프랑스의 경제학자
클레망 주글라Clément Juglar(1819~1905)가
처음 주장해서 '주글라 파동'이라고 부른다.

① 어떤 회사가 사내에 PC를 많이 도입했다. 또한 그 회사의 공장은 제품 제조용 로봇을 도입하고 있다.

② 이들의 PC와 로봇은 당연히 수명이 있고, 그 수명은 10년 정도로 알려져 있다.

③ 따라서 PC와 로봇 회사는 이 회사에 10년마다 제품을 팔게 되고 이익을 얻게 된다.

84. 쿠즈네츠 파동 Kuznets Curve

경기순환[p.198]은 건축물의 개축改築에 의해 발생한다는 이론으로, 20년 정도의 주기로 일어나는 것으로 알려져 있다.

미국의 경제학자
사이먼 쿠즈네츠Simon Kuznets(1901~1985)가
처음 주장해서 '쿠즈네츠 파동'이라고 부른다.

1 어떤 곳에 주택이나 상업 시설, 공장 등을 세웠다고 하자.

2 그러한 건축물은 약 20년 정도면 수명이 다한 것으로 보고 재건축이나 리모델링을 검토하게 된다.

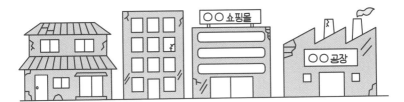

3 그러면 건설업이나 리모델링 업체의 수요가 증가해 경기가 좋아진다.

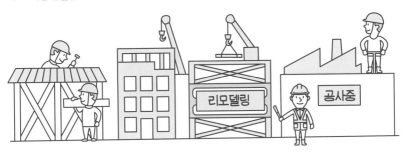

85. 콘드라티예프 파동 Kondratiev Wave

경기순환[p.198]은 기술혁신에 의해서 발생한다는 이론. 50년 정도의 주기로 일어나는 것으로 알려져 있다.

러시아의 경제학자
니콜라이 콘드라티예프Nikolai Kondratiev(1892~1938)가 1926년에 〈경기 변동의 장기파동〉이라는 논문에서 주장했다. 나중에 슘페터[p.268]는 아래의 세 가지 순환 파동이 있다고 주장했다.

① 제1파는 1780~1840년대로, 방적기와 증기기관 등의 발명에 의한 산업혁명.

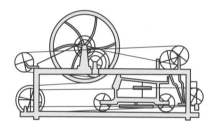
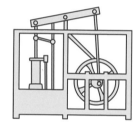

② 제2파는 1840~1890년대로, 철도망의 발전과 제철 기술의 혁신, 전신의 발달.

③ 제3파는 1890~1930년대로, 전기·화학 기술의 발전과 자동차 산업의 발달.

이 학설은 오스트리아 태생의 미국 경제학자 슘페터의 저서 《경기순환론》에서 '콘드라티예프 파동'으로 명명되었다. 1800년대부터 현대, 그리고 2050년까지를 순환 그래프로 나타내면 아래와 같다.

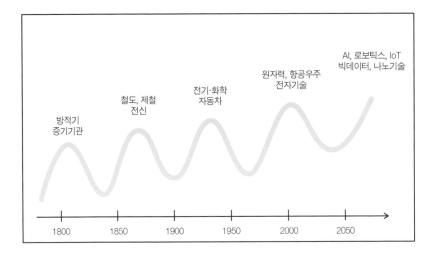

International
Economi

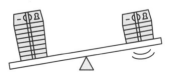

국제경제학

4장

1. 수입품 Imported Goods

다른 나라로부터 구입한 재화나 서비스[p.13]를 가리킨다.

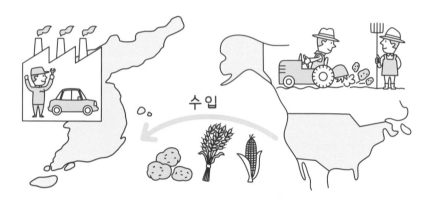

2. 수출품 Exported Goods

다른 나라에 판매한 재화나 서비스[p.13]를 가리킨다.

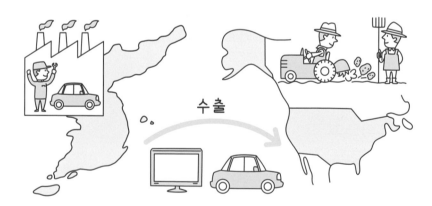

3. 절대 우위 Absolute Advantage

한 나라가 다른 나라보다 특정 제품을 더 많이 생산할 수 있는 상태를 말한다.

1 인구와 자본이 비슷한 A국과 B국이 있다고 하자. 두 나라는 기후와 땅의 생산력이 다르지만 사과와 귤을 동시에 생산한다.

2 만약 두 나라가 사과 재배에만 전념했다고 하면, A국은 100kg, B국가는 60kg의 사과를 생산할 수 있다. 따라서 사과 생산에 대해서는 A국이 절대 우위이다.

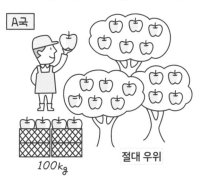 

3 또한 두 나라가 귤 재배만 특화할 경우 A국은 60kg, B국은 30kg의 귤을 생산할 수 있다. 그렇다면 귤 생산에서도 A국이 절대 우위이다.

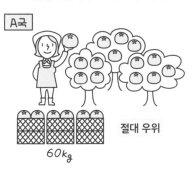 

4. 비교 우위 Comparative Advantage

한 나라가 다른 나라와 비교해서 생산물을 상대적으로 더 적은 기회비용[p.26]으로 생산할 수 있는 능력을 말한다.

① 가령 사과와 귤만 생산하는 A국과 B국이 있다고 하자.

② 특정 기간 동안 A국이 사과만 특화해서 재배했을 때는 사과 400kg을 얻고, 귤만 특화해서 재배했을 때는 귤 80kg을 생산했다.

③ 이는 A국이 1kg의 귤을 생산하는 기회비용이 사과 5kg이라는 뜻이다(사과 400kg÷귤 80kg).

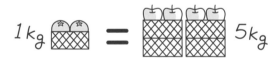

$$1kg \; \text{🍊🍊} \; = \; \text{🍎🍎🍎🍎} \; 5kg$$

④ 한편, 특정 기간 동안 B국이 사과만 특화해서 재배했을 때는 사과 60kg을 얻고, 귤만 특화해서 재배했을 때는 귤 60kg을 생산했다.

⑤ 이것은 B국이 1kg의 귤을 생산하는 기회비용이 사과 1kg이라는 뜻이다. (사과 60kg÷귤 60kg)

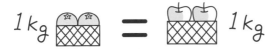

⑥ 이를 비교하면, B국이 1kg의 귤을 생산하는 기회비용이 사과 1kg인 데 비해 A국의 기회비용은 사과 5kg이다. 즉, B국이 귤 생산에 있어서는 비교 우위에 있다고 말할 수 있다.

⑦ 이번에는 사과를 살펴보자. A국이 사과 1kg을 생산하는 기회비용은 귤 1/5kg이다.

⑧ 반면에 B국이 사과 1kg을 생산하는 기회비용은 귤 1kg이다(귤60kg÷사과60kg). 즉, A국이 사과 생산에 있어서는 비교 우위에 있다고 말할 수 있다.

이를 정리하면 A국은 사과만 생산해 B국에 수출하고, B국은 귤만 생산해 A국에 수출하는 편이 서로에게 유리하다는 결론이 나온다.

5. 관세 Tariff

자국에 들어오는 수입품[p.238]에 대해 부과하는 세금을 말한다.

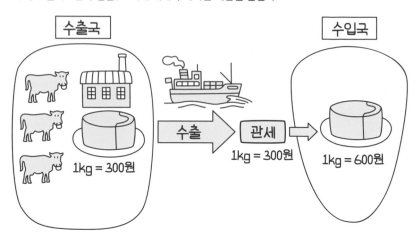

6. 수입할당제 Import Quota

자국에 들어오는 수입품[p.238]의 수량을 제한하는 것을 말한다.

7. 보호관세 Protective Tariff

국내 산업 보호를 위해 정부가 수입품[p.238]에 부과하는 관세[p.242].

① A국에서는 사과를 생산하고 있으며 사과 1개를 생산하는 비용은 100원이라고 한다.

② 가까운 나라인 B국에서도 사과를 재배한다. B국은 A국보다 싼 50원으로 사과를 생산할 수 있다. 따라서 A국은 B국에서 50원짜리 사과를 수입하였다.

③ 그러자 A국에 B국의 50원짜리 사과가 들어와서 A국의 사과 농가는 곤란을 겪게 된다.

④ 그래서 A국 정부는 B국산 사과에 60원의 관세를 부과했고, 이제 B국에서 수입된 사과는 110원이 되었다. 따라서 A국의 사과는 값싼 B국의 수입 사과로부터 보호받게 되었다.

8. 재정관세 Revenue Tariff

정부의 세수를 올릴 목적으로 부과하는 관세[p.242]를 가리킨다. 수입관세라고도 한다.

① A국과 B국이 있다. A국에서는 사과 하나를 100원, B국은 50원에 생산할 수 있다.

② A국은 B국의 50원짜리 사과를 수입하려 했으나, 관세를 얼마 부과해야 할지 고민하고 있었다.

③ B국에서 생산된 50원짜리 사과에 60원의 관세를 붙이면 B국 사과는 110원이 되고, 그러면 사람들은 B국의 사과 대신 A국의 100원짜리 사과를 살 것이다.

④ 이에 관세를 통해 세수를 올리고자 50원짜리 B국 사과에 관세 30원을 붙여 국내에서 80원에 팔았더니 100원짜리 A국 사과보다도 잘 팔렸다.

자국 산업을 보호하기보다는 세수 확보를 목적으로 한 이러한 관세를 재정관세라고 부른다.

9. 외국환 Foreign Exchange

서로 통화가 다른 두 나라 사이에 대금 거래를 할 때 현금을 직접 쓰지 않고 행하는 결제 방법을 가리킨다.

● 어느 대한민국인이 미국에 있는 사과를 사려는 경우

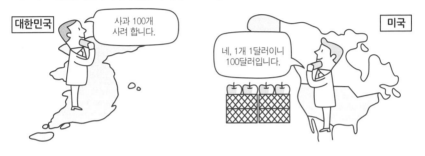

10. 환율 Rate of Foreign Exchange

타국 통화에 대한 자국 통화의 가격[p.100]을 말한다. 표기법이 두 가지 있다.

자국환 고시	외환 고시
1달러 = 1,000원	**1,000원=1달러**
1달러를 1,000원과 교환할 수 있다는 뜻	1,000원을 1달러와 교환할 수 있다는 뜻

11. 변동환율제
Floating Exchange Rate System

외환시장에서 두 나라 화폐의 교환 비율이 외화外貨의 수요[p.35]와 공급[p.35]의 균형 관계에 의해 결정되는 제도.

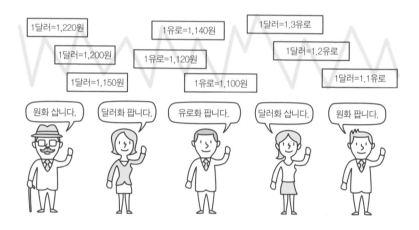

12. 고정환율제
Fixed Exchange Rate System

환율의 변동을 전혀 인정하지 않거나 변동 폭을 극히 제한하여 고정시켜 놓은 제도. 국가와 국가 간의 대화를 통해 환율을 고정시키기도 한다.

13. 무역 Trade

나라끼리 재화나 서비스[p.13]를 사고파는 거래를 말한다.

1. A국이라는 나라가 있다고 하자. 이 나라는 농업은 발달했지만 석유가 생산되지 않아 어려움을 겪고 있다. 반대로 B국은 석유는 풍부하지만 농업은 발달하지 못했다.

2. 그래서 A국은 석유가 풍부한 B국에서 석유를 사서 A국으로 들여왔다. 이를 A국이 B국에서 석유를 수입한다고 하고, B국은 A국에 석유를 수출한다고 한다.

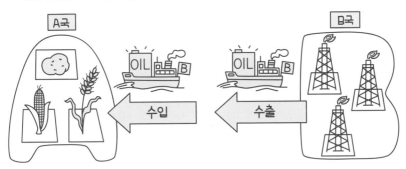

3. 반대로 B국은 농사가 잘 되지 않아 A국에서 밀을 사들인다. 이를 B국이 A국으로부터 밀을 수입한다고 하며, A국은 B국에 밀을 수출한다고 한다.

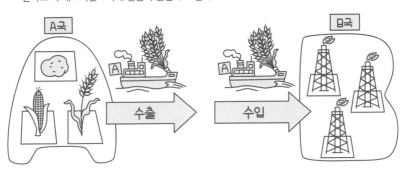

14. 수직 무역 Vertical Trade

무역[p.247]의 형태 중 하나로, 한 나라가 원자재를 수출하고 그것을 수입한 다른 나라가 공산품 등으로 가공하여 수출하는 무역.

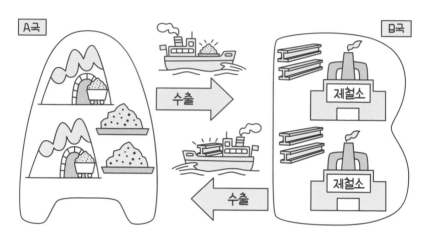

15. 수평 무역 Horizontal Trade

무역[p.247]의 형태 중 하나로, 가공된 최종생산물[p.142]을 서로 수출하고 수입하는 무역.

16. 국제분업 International Division of Labor

각 나라가 자기 나라의 특기 분야 제품을 집중적으로 만들어 수출하고, 그 밖의 다른 상품은 다른 나라로부터 수입하는 것.

1 A국은 기술이 뛰어나서 자동차는 잘 만들지만, 차를 만드는 원재료는 자국에서 조달할 수 없다고 하자.

2 A국은 차를 만들기 위한 원료를 B국이나 C국에서 수입한다.

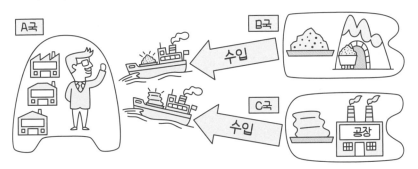

3 수입한 원료를 사용해 A국은 자동차를 만들어 B국이나 C국에 수출한다.

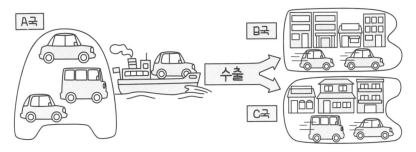

이와 같이 각각의 나라가 자신들이 잘하는 것을 중심으로 생산하고, 그것을 수입·수출함으로써 생산의 효율을 올릴 수 있다.

17. 자유무역 Free Trade

국가가 관세[p.242] 등에 개입하지 않고, 생산자나 상품을 취급하는 사람이 자유롭게 행하는 무역[p.247].

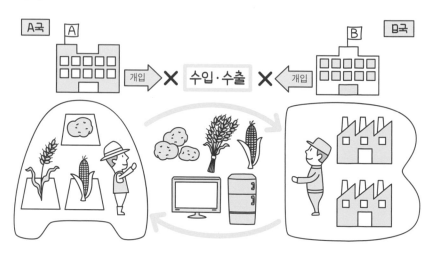

18. 보호무역 Trade Protection

국가가 관세[p.242] 등을 부과하거나 수입량을 제한함으로써 자국의 산업을 지키기 위해 취하는 무역 정책.

19. 무역 흑자 Trade Surplus

수출액이 수입액을 넘어서는 것. 무역 흑자가 늘어나면 무역 상대국에서 받는 외화가 늘고, 외화를 팔아 원화를 살 기회가 늘어나므로 원고[p.210] 상태가 된다.

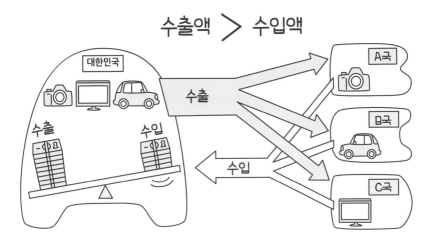

20. 무역 적자 Trade Deficit

수입액이 수출액을 넘어서는 것. 무역 적자가 늘어나면 무역 상대국에 지불하는 외화가 늘고, 원화를 팔아 외화를 살 기회가 늘어나므로 원저[p.212] 상태가 된다.

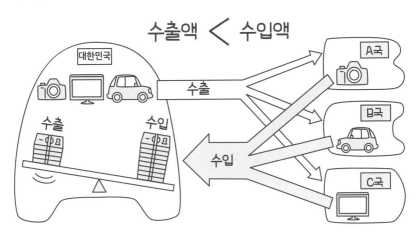

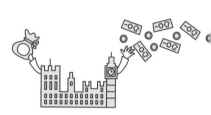

Economic History

5장

경제사

1. 애덤 스미스

Adam Smith(1723~1790)

영국의 경제학자.
스코틀랜드에 태어나 옥스퍼드 대학에서 공부한 뒤
《국부론》(1776)을 발표.
어떻게 하면 국가 경제가 발전할지 고민하다가
자유로운 경쟁적 시장이 사회 전체에 최대의 이익을
가져온다는 결론에 이르렀다.
최초로 자본주의 사회의 구조를 이론적으로 분석했으며
'근대 경제학의 아버지'로 불린다.

1 애덤 스미스는 저서 《국부론》에서 나라를 풍요롭게 하는 것은 노동을 통해 생산하는 재화[p.13]
라고 하였다.

사과라는 재화

옷이라는 재화

자동차라는 재화

2 당시는 수입을 억제하고 수출에 힘을 쏟아 국내에 금과 은 같은 귀금속이 모여야 나라가 부유해
진다는 중상주의[p.282]가 보편적 생각이었다.

3 그러나 애덤 스미스는 수입을 해야 국내에 부족한 상품 등이 들어와 시장이 확대되면서 자유로
운 경제활동이 부를 낳는다며 중상주의를 비판했다.

4 또 노동자가 한 가지 일에만 집중하면 기능이 향상되고 생산력이 늘어나며 생산비용도 줄어 더 많은 재화의 생산을 통해 부가 증가하므로, 분업[p.23]이 필요하다고 주장했다.

5 애덤 스미스는 정부가 가능한 한 시장에 간섭해서는 안 된다(자유방임주의[p.101])고 주장하며, 정부가 개입하지 않아도 '보이지 않는 손'이 시장에 질서를 가져온다고 여겼다.

6 2개의 과일 가게가 같은 토마토를 다른 가격에 팔면, 누구나 싼 곳에서 토마토를 산다.

7 또 비슷한 제품을 생산하는 두 공장 사이에 임금 차이가 있다면, 높은 임금을 주는 공장은 사원을 쉽게 구하지만 낮은 임금을 주는 공장은 사원을 구하지 못해 파산하고 만다.

애덤 스미스는 이렇게 경제는 정부가 개입하지 않아도 자연스럽게 굴러간다고 판단했다.

2. 데이비드 리카도
David Ricardo(1772~1823)

네덜란드의 경제학자.
암스테르담의 상업학교를 졸업한 후 14세부터 증권거래업에 종사해서 사업가로 성공하였다.
사업을 하며 여러 경제학 논문을 발표하다, 42세 때 은퇴한 후 저술에 전념하며 《경제학 및 과세의 원리》(1817)를 발표하였다.
애덤 스미스와 함께 고전파 경제학에서 가장 중요한 경제학자 중 한 사람이다.

① 리카도 생전에 유럽에서는 중상주의[p.282]가 주류 사상이었다. 국제무역이 엄격히 제한됐으며 유럽 국가들은 수출을 늘리고 수입을 줄이는 정책을 펼쳤다.

② 그런 가운데 리카도는 애덤 스미스[p.254]의 《국부론》에 영향을 받아 국제적 분업의 유용성을 옹호했고 자유무역의 이점을 주창했다.

③ 리카도는 무역을 할 때 각 나라가 자신이 잘 만들 수 있는 생산물을 특화해서 만들고, 그 이외의 것은 다른 나라에서 수입하면 서로 더 많은 이익을 얻는다는 비교 우위론(비교 생산비설)[p.240]을 주창했다.

④ 비교 우위론에 따르면, A국이 B국보다 사과를 더 잘 생산한다면 A국은 사과를 재배하는 데 집중함으로써 생산성을 올릴 수 있다.

⑤ 반대로 B국은 A국에 비해 귤 생산에 자신 있으면 귤을 재배하는 데 집중해서 생산을 늘릴 수 있다.

⑥ 그래서 각 나라가 잘하는 분야에 집중한다면 고품질의 재화나 서비스를 만들게 되고, 따라서 모두 높은 이익을 올릴 수 있다는 것이다.

⑦ 리카도는 비옥해서 생산성이 높은 땅은 생산성이 낮은 땅보다 생산 비용이 적게 들어, 농산물의 판매 가격이 같다고 할 때 비옥한 토지에서 생산된 농산물에 초과 이윤이 발생함으로써 이것이 차액지대가 된다는 '차액지대론'을 주장했다.

또 리카도는 애덤 스미스의 "사물의 가치는 그것을 만드는 데 투여된 노동량으로 정해진다"는 노동가치설[p.216]을 발전시키는 데도 기여했다.

3. 토머스 맬서스
Thomas Malthus(1766~1834)

영국의 경제학자이자 사회학자.
1766년에 목사 집안에서 태어나 케임브리지 대학에서
공부했다.
주요 저서로는 《인구론》(1798)이 있다.
맬서스가 활동할 당시 영국은 프랑스와의 전쟁과 물가 상승
등으로 인한 경제 문제에 직면했으며 그 대책으로 구빈법
개정 여부가 논의되던 시기였다.
이러한 상황에서 맬서스는 인구ㅅㅁ의 원리를 제시하여
이상주의적 혁신파를 비판하려 했다.

① 맬서스는 저서 《인구론》에서 식량의 증감과 빈곤 문제에 대해서 언급하면서, 인구가 왜 증감하는지 그 원리에 대해서 설명했다.

② 맬서스는 기본적인 2개의 자명한 전제를 하면서 인구론을 시작한다. 첫째, 식량은 우리 인간이 살아가기 위해서 필수 불가결한 것이다.

③ 둘째, 인간은 이성간에 반드시 정욕이 존재한다.

④ 이 두 전제를 바탕으로 다음과 같은 결론이 도출되었다. 인구는 아무런 제한도 두지 않으면 "1, 2, 4, 8…"처럼 기하급수적으로 늘어나는 반면, 식량은 "1, 2, 3, 4…"처럼 산술급수적으로 증가한다.

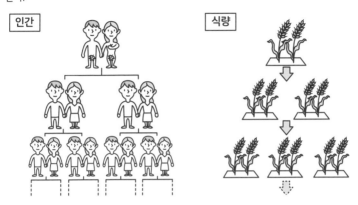

⑤ 따라서 언젠가는 인구가 너무 증가하여 식량과 인구의 균형이 무너지고, 식량이 부족한 불균형 상태가 되고 만다.

먹을 것이 없어.

⑥ 그러나 식량과 인구의 균형이 무너지면 그것을 바로잡으려는 2개의 힘이 작용한다. 하나는 기아와 빈곤, 전쟁, 역병 같은 파멸적인 '적극적 억제'이다.

⑦ 다른 하나는 피임, 낙태, 만혼, 비혼 등 출산 억제로 이어지는 계획적 또는 욕구 억제적인 '도덕적, 예방적 억제'이다.

이들 두 힘이 작용함으로써 인구는 사회의 생산력에 걸맞은 숫자로 조정되고, 자동적으로 인구와 식량의 균형이 이루어진다고 판단했다.

4. 존 스튜어트 밀
John Stuart Mill(1806~1873)

영국의 철학자, 사회학자이자 경제학자.
리카도학파의 경제학자인 제임스 밀의 아들.
애덤 스미스[p.254], 데이비드 리카도[p.256], 토머스 맬서스[p.258]
등과 함께 고전파 경제학을 대표하는 사상가.
주요 저서로는 《자유론》(1859)과 《정치경제학 원리》(1848)가
있다.

① 밀은 제러미 벤담(1748~1832)이 세운 공리주의(최대 다수의 최대 행복을 기초로 삼는 이념)를
기본적인 원리로 삼아 인간의 행위가 옳은지의 기준을 공리, 즉 행복을 창출하는지 여부로 판단
한다.

② 대표작 《자유론》에서 자유란, 개인이 자기 자신의 행복을 추구하는 것만이 아니라 사회 전체의
복지를 향상시키는 것이어야 한다고 말했다.

③ 밀은 경제정책으로 사회를 바꿀 수 있다고 믿었다. 경제의 자연스런 흐름에 따라 자본가와 지주에게 많은 재산이 모인다 해도 정부가 이를 재분배함으로써 사회의 행복도를 높일 수 있다고 여겼다.

④ 밀의 또 다른 대표작인 《정치경제학 원리》에서는 상속세와 누진과세[p.146]의 가능성, 노동자 자신이 조직하는 협동조합 등을 언급하고 있다.

⑤ 이러한 생각은 훗날 복지국가 개념의 원형이 되었다.

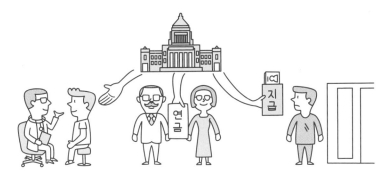

벤담이 주장한 공리주의는 행복과 고통의 차이를 극대화함으로써 개인의 행복이 최대가 된다는 '양적 공리주의'였다. 그러나 밀은 그것을 발전시켜, 행복에는 양이 아니라 질이 관련되어 있으며 질을 높이는 것이 중요하다는 '질적 공리주의'를 주장했다.

5. 카를 마르크스
Karl Marx(1818~1883)

독일의 경제학자이자 철학자.
변호사의 아들로 태어나서 예나 대학에서 철학 박사학위를 취득.
1848년 산업자본가인 프리드리히 엥겔스와 《공산당 선언》을
집필. 자본주의 경제를 분석, 비판했다. 엥겔스와 함께 마르크스
주의를 창설.
말년에 집필한 그의 주저 《자본론》(1867)은 1권을 마르크스가,
2권과 3권을 엥겔스가 완성했다. '사회주의의 아버지'로 불린다.

① 마르크스가 살던 19세기는 정기적으로 공황이 발생하고 노동 환경이 열악하여 어른부터 아이까
지 장시간 노동이 일상적이었으며 많은 노동자가 빈곤 상태에 놓여 있었다.

② 이런 상황을 맞아 마르크스는 애덤 스미스가 《국부론》에서 주창한 자유방임주의[p.101]에 대해
의문을 품게 된다. 주저인 《자본론》에서 자본주의 경제 체제에서는 자본가에게 부富가 집중되
고 노동자는 빈곤해지는 격차가 생길 수밖에 없다고 지적했다.

③ 그는 상품의 가치는 노동에 의해서 결정된다는 노동가치설[p.216]을 지지했으며, 노동에서 재화
나 서비스[p.13]가 발생하고 그것이 부가 된다고 여겼다.

④ 그리고 자본가들은 잉여가치, 즉 이익을 조금이라도 더 얻기 위해서 노동자의 노동시간을 길게 유지해 이익을 늘리려 한다고 여겼다. 이를 절대적 잉여가치[p.222]라고 한다.

⑤ 그러나 노동시간을 늘리는 데는 한계가 있기 때문에 기계 등을 도입해 생산성을 올리고 근로자의 몫을 줄여 돈을 벌려 하는데, 이를 상대적 잉여가치[p.224]라고 한다. 이렇게 해서 자본주의 사회에서 자본가들은 더 거대화하고 노동자들은 더 가난해지면서 격차가 커진다고 판단했다.

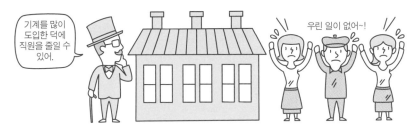

⑥ 이 빈부격차를 바로잡으려면 노동자들이 들고일어나 혁명을 일으키고, 생산수단을 자본가로부터 빼앗아 노동자의 것으로 만들어야 한다고 마르크스는 주장했다.

⑦ 훗날 이런 사회주의 이념에 입각해 레닌이 소비에트사회주의공화국연방을 세웠고, 중화인민공화국도 건국되었지만, 경쟁 없는 계획경제사회는 결국 실패했다.

V. I. 레닌

소련(소비에트사회주의공화국연방)

6. 앨프레드 마셜
Alfred Marshall(1842~1924)

영국의 경제학자.
런던에서 태어나 장학금으로 케임브리지 대학에 진학해
수학과 윤리학을 공부했다.
후에 케임브리지 대학 교수를 지냈으며, 케임브리지학파라
불리는 그룹을 만들어 신고전파 경제학[p.286]을 대표하는
연구자가 되었다.
케인스[p.266]와 피구[p.103]는 그의 제자이며, 저서 《경제학
원리》(1890)는 오랫동안 신고전파 경제학의 교과서였다.

① 마셜은 한계효용[p.42] 이론을 도입한 것으로 알려져 있다. 완전경쟁 시장[p.70]에서는 수요와 공급이 동일한 점에서 가격이 조정되는, 말하자면 수요곡선과 공급곡선이 교차하는 수급 균형점에서 가격이 결정된다고 생각했다.

가격 │ 수요곡선
          공급곡선
                  수급 균형점

0   수량

② 수요와 공급의 법칙을 공급 측에서 살펴보자. 재화나 서비스를 만드는 생산자는 소비자 수요를 채우려고 시장에 상품을 공급한다.

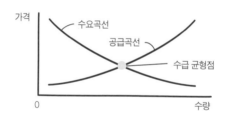

③ 그 재화·서비스의 공급량보다 소비자 수요가 많으면(초과수요), 상품 가격은 상승한다.

④ 그러나 생산자의 공급이 소비자 수요를 웃돌면(초과공급), 가격이 하락한다.

⑤ 이처럼 수요량과 공급량 등 수량이 변화함으로써 균형점으로 조정되는 것을 마셜 조정 과정이라고 한다.

⑥ 또한 '마셜K'라는 분석으로도 유명하다. 마셜K는 GDP[p.122]에 대한 통화 공급량의 비율을 나타내는데, GDP를 1로 했을 때 통화 공급량이 몇 배인가를 표현한 것이다.

예를 들어 마셜K가 1.5라면 통화 공급량이 GDP의 1.5배라는 의미다.

마셜K(1.5)＝통화 공급량(150) ÷ GDP(100)
　(1.5)　　　　　　 (150)　　　　　 (100)

⑦ 그러므로 마셜K의 값이 클수록 시중에 돈이 많이 돌고 있음을 나타낸다. 마셜K는 현재의 가치가 장기간의 추세에서 얼마나 떨어져 있는지를 보여 주므로 통화 공급량이 적절한지를 판단하는 기준이 된다.

마셜K 값이 크다	마셜K 값이 작다

즉, 마셜K가 트렌드를 크게 웃돌고 있으면 돈이 지나치게 많이 돌고 있고, 반대로 트렌드를 크게 밑돌고 있으면 통화량이 부족하다고 판단한다.

7. 존 메이너드 케인스
John Maynard Keynes(1883~1946)

영국의 경제학자.
케임브리지 대학 시절에 마셜[p.264]에게 경제학을 배우지만
나중에 결별.
1929년에 시작된 세계 대공황 후 대표적 저서인 《고용·이자
및 화폐의 일반 이론》을 1936년에 출판한다. 경제학 연구와
동시에 사재私財로 주식 투자를 해서 얻은 이익의 대부분을
예술가를 지원하는 데 사용했다고 전한다.

① 1929년 미국에서 시작된 세계 공황의 여파로 실업자가 급증하자, 케인스는 '불안정한 경제를 안
정시키려면 어떻게 하면 좋을까?' 하고 생각했다.

② 고전파 경제학에서는, 실업은 노동자 본인이 임금이 싸다 여겨 그 임금을 받고 일하는 것을 거부
하기 때문이라는 '자발적 실업' 개념이 주를 이루었다.

③ 그러나 케인스는 세계 공황을 겪으며 '자발적 실업자' 이외에 기업이 고용을 창출하지 않아 실업
이 발생하는 '비자발적 실업자'가 존재한다고 주장했다.

4 그래서 케인스는 경제가 불안정한 상황에서는 정부가 적극적으로 경제에 개입해서 일자리를 창출해야 한다고 주장했다.

5 가령 정부가 재정 정책을 통해 고속도로 건설을 결정했다고 하자.

6 그러면 그 사업을 맡은 건설업자는 돈을 벌고, 그 돈을 투자로 돌린다. 그곳에서 일하는 직원들은 급여가 늘고, 그것을 소비로 돌린다. 또한 건설업자는 이윤의 일부를 기계 설비 투자에 돌리고, 그 결과 기계회사 직원의 급여가 늘어난다. 이처럼 정부가 유효수요[p.165]를 만들어 내는 것이 필요하고, 그것이 승수효과[p.176]를 낳는다고 주장했다.

7 그리고 승수효과를 높이려면 많은 사람이 자신이 가진 돈을 소비하도록 유도하면 된다고 판단해 누진과세 제도[p.146]를 주장했다.

8. 조지프 슘페터
Joseph Schumpeter(1883~1950)

오스트리아의 경제학자.
오스트리아의 재무장관과 비더만은행 행장 등을 지냈다.
기업이 행하는 혁신(이노베이션innovation)이야말로
경제성장을 가져온다는 이론을 구축했다.
주요 저서로 《경제 발전의 이론》(1912),
《자본주의·사회주의·민주주의》(1942) 등이 있다.

① 슘페터는 혁신(이노베이션)을 다음 다섯 가지로 분류했다. 첫째, 새로운 물건 또는 새로운 품질의 제품을 생산하는 것.

② 둘째, 새로운 생산 방법을 도입하는 것.

③ 셋째, 새로운 조직을 구현하는 것.

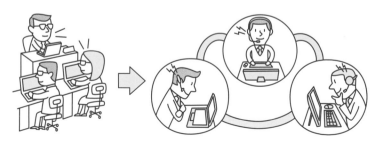

4 넷째, 새로운 판매처를 개척하는 것.

5 다섯째는 새로운 구입처를 개척하는 것.

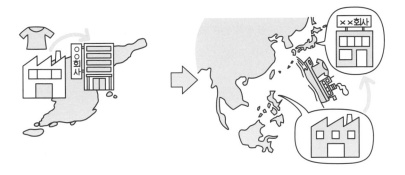

6 이들 혁신을 가져오는 자를 엔트러프러너entrepreneur(기업가)라고 부르며, 이들이 낡은 것을 파괴하고 새로운 비즈니스를 창조하는 중요한 역할을 한다고 여겼다. 또한 그런 파괴와 창조를 '창조적 파괴'라고 부르며 이것이 자본주의에서 중요하다고 주장했다.

7 또한 혁신이 계속되지 않으면 경기가 침체한다는 경기순환설을 주장하며 호황과 불황이 반복된다고 했다.

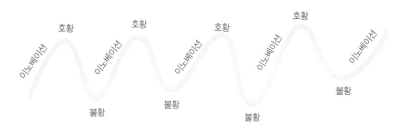

9. 라이오넬 로빈스

Lionel Robbins(1898~1984)

영국의 경제학자.
1929년부터 런던 정경대의 경제학부장을 지냈다.
1930년대에는 케인스[p.266]의 이론에 반대해,
세계 공황에 대한 자신의 주장을 내세웠다.
또한 주요 저서《경제학의 본질과 의미》(1932)에서
희소성에 주목한 경제학 방법론을 전개했다.

① 로빈스는 경제학을 "다양한 용도를 가진 희소성[p.12] 있는 자원과 목적 사이의 관계로 인간 행동을 연구하는 과학"이라고 정의했다.

② 이 말이 무슨 뜻일까? 인간의 욕망은 무한하지만 실제로 자원은 한정된 양밖에 없다.

③ 다시 말해, 인간의 욕망과 자원 간의 균형을 생각하는 것이 경제학의 기본이라는 것이다.

4 가령, 땅을 가진 사람이 있는데 그는 자신의 땅에 소를 기르고 있었다.

5 그 후 그는 자신의 땅에 밀을 키울지, 소를 계속 사육할지 고민했다.

6 하지만 그 지역은 쌀을 먹는 사람이 많아, 밀로 빵을 만들어 먹으려는 소비자는 적다. 반면 우유를 원하는 소비자는 많기 때문에 그 땅의 소유자는 한정된 땅에서 소를 키우는 쪽을 택한다. 이것이 희소성에 주목한 경제학의 생각이다.

7 또 로빈스는 피구[p.103]가 주장한, 개인의 효용은 측정 가능하며 비교하거나 서로 더할 수 있다는 생각을 비판했다.

8 로빈스는 개인의 효용은 측정할 수 없고 다른 사람의 만족도와 비교할 수 없다며, 피구의 주장은 과학적 근거가 떨어진다고 역설했다.

로빈스의 이 주장에 따라, 피구가 주창했던 후생경제학이 재구성되면서 신新후생경제학의 길이 열렸다.

10. 프리드리히 하이에크
Friedrich Hayek(1899~1992)

오스트리아 출신의 경제학자이자 철학자.
젊은 시절에 법학과 정치학을 배우고 빈에서
오스트리아학파 경제학자로 활약.
자유지상주의[p.290] 사상을 지닌, 反사회주의와
자유주의의 상징적 존재.
1944년에 간행된《노예의 길》은 사회주의와 파시즘을
비판해 베스트셀러가 되었다.
1974년 노벨 경제학상을 수상.

① 정부는 경제에 개입해서는 안 된다는 신고전파 경제학[p.286]을 계승하는 하이에크는, 1929년 미국 증시가 대폭락한 '블랙 서스데이(검은 목요일)' 후의 불황으로 시장경제에 대한 신뢰가 흔들리면서 유행한 케인스 이론[p.266]을 비판했다.

② 국가가 경제에 개입해 유효수요[p.165]를 창출해야 한다고 주장한 케인스와, 경제는 시장에 맡기고 방임해야 한다는 하이에크의 주장이 대립했지만, 결국 미국 정부는 뉴딜 정책을 펴 케인스주의에 힘을 실어 주었다.

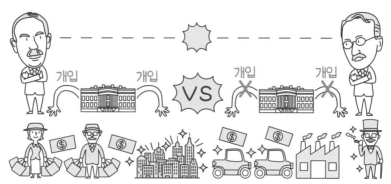

③ 또한 자유와 개인주의를 철저히 관철시켜야 한다고 주장한 하이에크는 《노예의 길》에서 사회주의와 파시즘을 비판하며 유명 인사가 되었다.

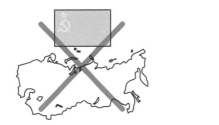

④ 그 책에서 하이에크는 소비에트의 영향으로 확산되고 있던 사회주의와 독일 히틀러의 전체주의는 사회에 집단적인 질서를 밀어붙이는 사상에 지나지 않으며, 그런 시도는 필연적으로 실패한다고 주장했다.

⑤ 하이에크는 시장[p.20]을 자유롭게 놔두면 불경기나 인플레이션[p.156] 등을 초래할 가능성도 있음을 잘 알고 있었다.

⑥ 그러나 정부가 경제에 개입하는 계획경제로 시장을 통제하면 자원 배분이 제대로 이루어지지 않아 경제가 잘 돌아가지 않는다고 주장했다.

11. 폴 새뮤얼슨
Paul Samuelson(1915~2009)

미국의 경제학자.
신고전파 경제학에 케인스 경제학의 방법론을 통합한
'신고전파 통합'을 주창했다.
주요 저서 《경제 분석의 기초》(1947)에서 수학을 사용하여
기존의 경제 이론을 정리하고
이후 경제학에서 수학을 사용하는 토대를 만들었다.
1970년 노벨 경제학상 수상.

① 새뮤얼슨은 여러 가지 이론을 발표했는데, 그 가운데 하나가 소비자행동의 법칙성을 설명한 '현시 선호 이론'이다.

② 사람의 효용[p.18]은 개인의 주관적인 만족도에 근거하고 있으므로 측정할 수 없다.

③ 하지만 가격이나 수량 등의 객관적인 자료를 통해 소비자가 선택하는 행위를 합리적으로 분석하면 소비자의 행동을 설명할 수 있다고 여기는 것이 현시 선호 이론이다.

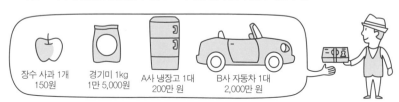

④ 또한 특정의 서비스가 정부에 의해 공급되어야 하는지, 만약 그렇다면 어떤 조건이 필요한지와 같은 공공재[p.104]에 대한 이론도 정리했다(새뮤얼슨 정리[p.114]).

⑤ 거시경제학[p.30]에서는, 실업률이 하락하면 임금이 상승하고, 반대로 실업률이 상승하면 임금이 하락한다는, 영국의 경제학자 필립스(1914~1975)가 발표한 필립스 곡선을 재구성했다.

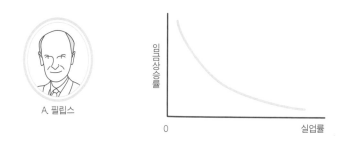

A. 필립스

⑥ 새뮤얼슨은 이 필립스 곡선을 실업률과 물가상승률(인플레이션율)과의 관계로 다시 파악해, 인플레이션율이 오르면 실업률이 내려가고, 실업률이 오르면 인플레이션율이 하락한다고 주장했다.

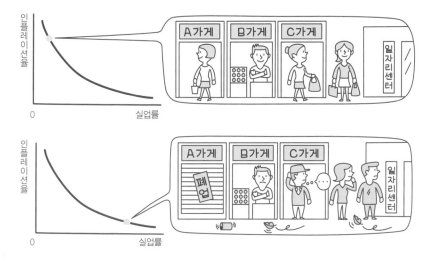

12. 밀턴 프리드먼
Milton Friedman(1912~2006)

미국의 경제학자.
콜롬비아 대학에서 박사 학위를 취득하고, 1946년부터
1976년까지 시카고 대학에서 교수로 재직하면서 많은 제자
들을 길렀다. 프리드먼과 그 제자들을 시카고학파라 부른다.
주요 저서로는 《자본주의와 자유》(1962)가 있다.
1976년 노벨 경제학상을 수상했다.

1 프리드먼이 등장하기 전 미국에서는, 경제가 불안정할 때는 정부가 시장에 개입하여 재정 정책
을 시행하거나 중앙은행[p.154]이 금융정책을 펴야 한다는 케인스[p.266]의 생각이 주류를 이루고
있었다.

2 그러나 프리드먼은 케인스의 생각을 부정하고, 통화 공급량(시중에 유통되는 돈의 공급량)의 증
가를 고정시켜 두면 경제는 잘 돌아간다고 주장했다(통화주의[p.205]).

3 이러한 프리드먼의 생각을 당시 영국 보수당 마거릿 대처 정부와 미국 공화당 로널드 레이건 정
부가 수용했다.

M. 대처

R. 레이건

4 그는 또한 1962년 저서 《자본주의와 자유》를 통해 정부가 하지 말아야 할 14개 정책을 구체적으로 주장했다.

① 정부가 농작물을 매입하는 일

② 수입관세와 수출의 제한

③ 상품과 서비스의 생산 규제

④ 임대료와 물가와 임금의 규제

⑤ 최저임금제도의 제정

⑥ 산업과 은행들에 관한 세세한 규제

⑦ 방송과 통신에 대한 규제

⑧ 현행 사회보장제도

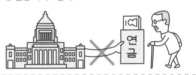

⑨ 사업과 직업에 대한 면허제도

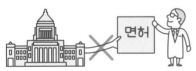

⑩ 국가 및 자치단체가 운영하는 유료 도로

⑪ 평상시의 징병제도

⑫ 영리 목적의 우편사업 폐지

⑬ 국립공원

⑭ 공영주택과 주택 건설 보조금

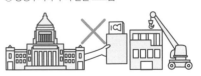

13. 게리 베커
Gary Becker(1930~2014)

미국의 경제학자.
시카고 대학, 콜롬비아 대학 교수를 지냈다.
경제학을 모든 인간의 행동이나 사회 문제의 해결에 응용한
선구자로, 주저로는 《인적 자본》(1964)이 있다.
1992년 노벨 경제학상 수상.

① 게리 베커는 경제학이나 금융 분야에 한정되어 있던 시장원리와 가격 이론을 교육, 노동, 차별, 결혼, 출산 등 일상생활의 범위에까지 적용하여 각종 정책에도 폭넓게 영향을 주었다.

② 예를 들어 인종차별 문제에 대해, 인종차별은 차별받는 사람뿐 아니라 차별하는 쪽에도 불이익이 됨을 증명했다. 이는 인종차별 해소를 위한 여론을 조성하는 강력한 이론적 배경이 되었다.

③ 또한 가족이 하나의 행동 단위로 서로 협력하고 생활하는 이유를 규명하는 이론을 확립했다.

④ 또 베커는 인적 자본human capital이라는 분야도 개척했다. 한편 학교 교육이 사람의 소득이나 생활에 영향을 주고, 그것이 경제성장이나 인구 구성에 끼치는 영향을 해명함으로써 교육 문제와 경제학을 연결했다.

⑤ 범죄 행위에 대해서도 경제학의 합리성을 응용했다. 즉, 범죄자가 범죄를 저지를지 말지는 범죄를 저지름으로써 얻는 이익이 기회비용(형벌 등)을 웃도는지 여부에 따라서 판단된다고 보았다. 그것을 근거로 최적의 범죄 억제책을 논리적으로 고찰했다.

돈 내놔!

그 결과 베커의 이론은 미국의 여론 형성과 사회 정책의 입안에도 큰 영향을 미쳤다.

14. 토마 피케티
Thomas Piketty(1971~)

프랑스의 경제학자.
파리 고등사범학교 졸업 후 프랑스의 사회과학고등연구원,
런던 정경대에서 박사 학위를 취득했다.
매사추세츠 공과대학, 파리 경제학교 등에서 교수를 지냈다.
주요 저서에 《21세기 자본》(2013)이 있다.

1 토마 피케티는 경제적 불평등에 대한 전문가로, 주저인 《21세기 자본》에서 자본주의는 빈부 격차를 낳는 숙명을 피할 수 없다고 평했다.

2 그동안 이러한 격차 문제를 시정하려 할 때 초점을 맞춘 것은 노동자의 임금이었다.

3 노동자의 임금 대우를 개선하는 것이 격차를 좁히는 해법이라고 여겼다.

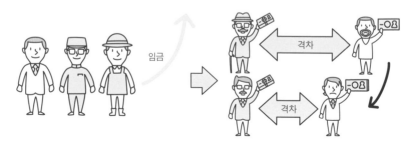

4 이에 대해서 피케티는 주식이나 부동산, 예금 등의 자본이 격차 확대의 큰 원인이 아닐까 고민했다.

5 장기적으로 보면 자산으로 인해 얻을 수 있는 부는 노동으로 얻을 수 있는 부보다 크다.

6 그래서 부의 집중이 일어나고, 가진 자(부유층)와 못 가진 자(빈곤층)의 격차는 점차 확대되고 있다.

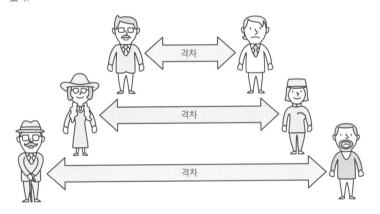

7 그러므로 불평등을 바로잡기 위해서는 부유층의 소득과 자산에 대한 누진과세를 강화해야 한다고 피케티는 주장하고 있다.

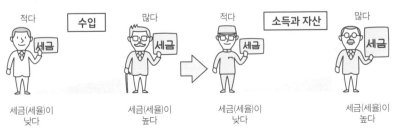

피케티의 《21세기 자본》은 전 세계에서 큰 화제가 되었다.

15. 중상주의 Mercantilism

나라가 부자가 된다는 것은 그 나라에 금·은이나 화폐가 어느 정도 있는지 그 양에 따라 결정
된다는 이념. 초기 자본주의 시대를 대표하는 경제사상이다.

① 16세기부터 18세기의 네덜란드, 프랑스, 영국 등은 국왕이 절대적인 권력을 갖고 국가를 통제
하는 절대주의 국가였다. 그러한 국가들은 중상주의重商主義를 채용했다.

② 상업을 중시한 나머지 국가의 통제권을 이용해 특권적인 거상을 보호해 준 탓에 중상주의라고 불
렸다. 중상주의에는 두 종류가 있다. 하나는 식민지 등에서 금·은을 착취해 축적하는 중금주의다.

③ 둘째는 무역차액주의다. 수입을 제한하고 수출을 늘림으로써 국내의 금·은과 화폐의 축적을 늘
리겠다는 정책으로, 해외로부터의 수입품을 억제하기 위해서 높은 관세를 부과하고 자국의 산
업을 보호했다.

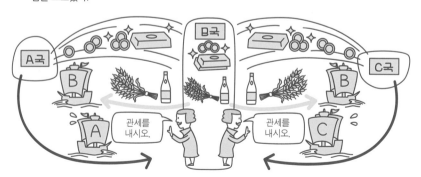

4   1600년 설립한 영국의 동인도회사는 중상주의 정책의 상징적인 존재다. 또한 프랑스에서는 루이 14세의 재무장관인 장 바티스트 콜베르Jean-Baptiste Colbert(1619~1683)가 중상주의 정책을 강력하게 추진했다. 이렇게 여러 국가들 모두 높은 관세를 들여 수입을 억제하는 한편, 수출장려금을 주며 자국의 수출을 늘리는 정책을 추진했다.

J. B. 콜베르

5   중상주의가 융성하면서 이를 비판하는 중농주의重農主義라는 개념이 18세기 후반 프랑스에서 나왔다. 이는 국가의 부를 외국에서 구할 것이 아니라 자국 땅(농업)을 통해 얻어야 한다는 생각으로 프랑수아 케네François Quesnay(1694~1774)가 주장했다.

F. 케네

6   중농주의에 따르면 지주들은 농민에게 땅을 빌려주고, 농민들은 작물을 생산하고, 장인은 상품을 만든다. 그리고 각자 번 돈으로 상품을 사는 순환이 나라 경제를 풍요롭게 한다. 따라서 지대 이외의 세금을 농민에게 부과해서는 안 된다.

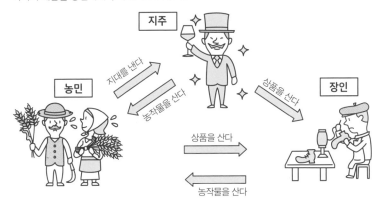

지주

지대를 낸다

농작물을 산다

상품을 산다

농민

장인

상품을 산다

농작물을 산다

이후 중상주의적인 보호무역주의는 자유경쟁에 의한 경제 발전을 저해한다고 케네를 비롯한 경제학자들에게 비판받았고, 이것은 애덤 스미스[p.254]에 의해 자유방임주의 등이 주창되는 토대가 되었다.

16. 고전파 경제학 Classical Economics

산업혁명 이후인 18세기 후반에서 19세기 전반에 걸쳐 영국에서 유래한 경제사상으로, 자본주의 경제를 최초로 연구했다.

● 고전파 경제학의 대표적인 인물로는 애덤 스미스[p.254], 토머스 맬서스[p.258], 데이비드 리카도[p.256], 존 스튜어트 밀[p.260] 등을 들 수 있다.

애덤 스미스

토머스 맬서스

데이비드 리카도

J. S. 밀

① 당시 영국에서는 증기기관 발명, 면직물 제조 기술의 혁신, 제철 기술의 향상 등으로 인해 인간의 노동 환경에 변화가 일어나고 있었다.

② 이런 상황에서 공장을 소유한 자본가가 노동자를 고용하고, 노동자는 자본가로부터 임금을 받으며, 자본가는 노동자가 만든 상품으로 이윤을 얻는 자본주의 경제체제가 생겨났다.

③ 고전파 경제학에 따르면, 경제사회는 자본가, 지주, 노동자라는 세 계급으로 이루어져 있으며 각각 자본, 토지, 노동력을 제공하고 그 대가로 이윤, 지대, 임금을 받는다.

④ 애덤 스미스는 저서 《국부론》에서 인간의 부란 금이나 은이 아니고 노동이라는, 노동가치설 [p.216]을 주창했다.

⑤ 그리고 그러한 노동으로 생겨난 생산물이 얼마나 국민에게 전달되는지, 그 양으로 국가의 부가 결정된다고 보았다. 또한 국가가 기업의 경제활동에 개입하는 대신, 시장이 자유로운 경쟁 속에 놓이게 해야 한다고 주장했다(자유방임주의[p.101]).

⑥ 한편 리카도는 정부가 관세 등으로 무역에 개입할 것이 아니라 자유로운 무역을 보장함으로써 각 나라가 부족한 것을 서로 보완하면 당사국 모두 풍족해진다고 설파했다.

이렇게 고전파 경제학은 인간의 사유재산 소유나 이윤 추구를 정당한 것으로 보는 경제사상이다.

17. 신고전파 경제학
Neoclassical Economics

상품의 교환가치는 그 생산에 투입된 노동가치에 의해 결정된다고 보는 고전파 경제학[p.284]에 대해, 상품의 교환가치는 수요 측의 한계효용[p.42]에 의해 결정된다고 여겼다. 미시경제학[p.30]의 소비 이론으로 사용하는 중요한 개념이다.

⬤ 신고전파 경제학의 대표적인 인물로는 앨프레드 마셜[p.264], 카를 멩거, 레옹 발라, 윌리엄 제번스 등이 꼽힌다.

A. 마셜

카를 멩거

레옹 발라

W. 제번스

① 신고전파 경제학이 등장하기 전까지 재화·서비스[p.13]의 가격은 인간의 노동에 의해서 결정된다고 여겼다(노동가치설[p.216]).

② 그러나 1870년대에 오스트리아의 멩거, 프랑스의 발라, 영국의 제번스가 거의 동시에 한계효용에 관한 이론을 발표했다(한계혁명[p.218]).

3 그들은 재화·서비스를 추가로 1단위 소비했을 때의 효용(만족도)은 소비하는 양이나 수가 증가할수록 낮아진다고 주장했다(한계효용 체감의 법칙[p.43]).

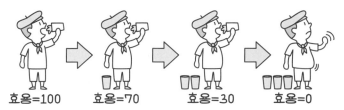

효용=100 　　효용=70 　　효용=30 　　효용=0

4 또한 한계의 개념을 공급 측면에도 도입했다. 생산요소의 투입량을 지속적으로 증가시키면 생산량도 증가하지만, 생산요소가 1단위 늘어난 데 따른 생산량 증가폭은 서서히 줄어든다(한계생산 체감의 법칙[p.56])고 주장했다.

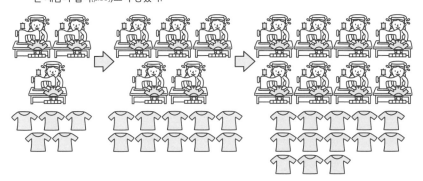

5 거시경제학[p.30]에는 세이의 법칙[p.206]이 있는데, 공급 측이 국민소득을 결정한다고 여기는 공급 측면의 경제학을 펼쳤다.

6 따라서 불황이 발생해도 일시적인 것이므로 시장에 맡겨 두면 가격 메커니즘이 작동해서 완전고용이 달성되고 경제는 곧 안정될 것이기에, 정부는 필요 이상으로 경제에 개입해서는 안 된다(작은 정부)고 주장했다.

18. 신자유주의 Neoliberalism

1980년대 이후 전 세계적으로 주류를 이루었던 경제사상과 정책 흐름이다. 정부에 의한 규제의 최소화와 자유경쟁을 중시하는 이념이다.

● 신자유주의 이념을 주장한 경제학자로 밀턴 프리드먼[p.276], 프리드리히 하이에크[p.272] 등이 있다.

M. 프리드먼

F. 하이에크

① 고전파 경제학[p.284]은, 절대왕정을 배경으로 국가가 비대해지는 것을 비판하고 시장의 자유경쟁을 주창한 경제학이었다.

② 프리드먼에 따르면, 신자유주의는 정부에 의한 규제나 과도한 사회보장, 복지, 부의 재분배가 정부 비대화를 초래한다고 주장한 경제학이다.

③ 신자유주의 경제학자들은 규제 완화, 복지 축소, 재정 긴축 등을 주장했다.

④ 따라서 케인스[p.266]학파의 유효수요 정책을 비판하면서 정부는 시장경제 개입을 억제해야 한다고 주장했다.

⑤ 미국의 레이건 대통령이 1980년대에 실행한 '레이거노믹스'가 신자유주의에 기초한 정책이다. 작은 정부를 내세워 복지나 공공서비스를 축소하고 공공 분야를 민영화하며 규제를 완화해 경쟁을 촉진했다.

⑥ 일본의 경우 2001년 출범한 고이즈미 내각이 내건 '성역 없는 구조개혁'의 근저에 신자유주의가 자리하고 있다. 우정사업이나 도로공단을 민영화하는 등 '관에서 민으로'의 구조개혁이 이루어졌다.

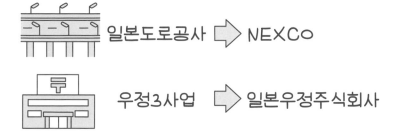

19. 자유지상주의 Libertarianism

개인의 자유를 절대적으로 중시하고, 이를 제약하는 국가의 역할을 최소한으로 억제하려는 사상. 경제적 자유를 중시하는 점에서는 신자유주의[p.288]와 유사한데, 이런 이념을 주장하는 사람을 자유지상주의자라고 한다.

● 경제 분야에서 자유지상주의를 주창한 주요 학자로는 프리드리히 하이에크[p.272]나 밀턴 프리드먼[p.276] 등을 들 수 있다.

F. 하이에크

M. 프리드먼

① 자유지상주의는 경제 분야에서 국가의 관여를 부정하고 시장경제에서 선택의 자유를 주장하는 프리드먼의 이론에 기초하고 있다.

② 자유지상주의는 사회적인 자유, 예를 들면 권위에 대한 불복종, 혼인제도 폐지, 마약과 총기 허용, 징병제와 복지 폐지 등도 주장했다.

③ 또 개인은 절대적으로 자유로우며 국가의 역할은 누군가가 타인의 자유를 침해하는 것을 막는 정도에 그쳐야 한다고 주장했다. 즉, 개인의 자유를 극대화하기 위해 국가는 가능한 한 역할을 적게 하고 민간에 맡겨야 한다고 여겼다.

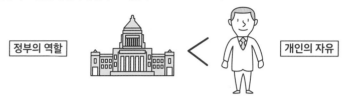

④ 자유주의liberalism는 기본적으로 자유를 존중하지만, 약자나 빈곤층이 자유로운 선택지를 가질 수 없는 경우에 정부가 법적 규제나 부의 재분배 등으로 개인에 개입하는 것은 인정한다.

⑤ 그러나 자유지상주의는 국가의 역할이 개인의 자유가 침해되지 않도록 감시하는 데 머물러야 하며 국가권력이 조세 정책을 통한 부의 재분배를 강제해서는 안 된다고 주장한다. 따라서 부자에게서 막대한 세금을 거둬 가난한 사람에게 분배하는 것도 잘못이라고 여긴다.

⑥ 또한 자유지상주의는 사회적 자유, 개인의 자유를 중시하기 때문에 사회주의가 주장하는 계획경제나 국민을 모든 면에서 규제하려는 전체주의를 부정한다.

20. 세계 대공황 World Economic Crisis

1929~1933년에 전 세계에서 발생한 경제적 불황. 기업 도산, 은행 폐쇄로 실업자가 증가했다.

① 1914년부터 시작된 제1차 세계대전 중에 미국은 전쟁에 휩싸인 유럽에 군사물자 등을 많이 수출해 큰 이익을 얻었다. 전쟁이 끝난 뒤, 황폐한 유럽을 대신해 미국이 세계경제의 중심이 되었다.

② 미국 내에선 공업, 특히 자동차 산업이 성황을 이루었다. 도로망이 정비되면서 교외로 주택이 퍼진 것도 경제 발전에 크게 기여했다.

③ 호경기를 맞은 미국의 기업들에, 국내는 물론 전 세계의 투자자가 주목하면서 주가가 오르고 투기 열기가 고조되어 버블 경제[p.162]가 형성되었다.

④ 그러나 유럽이 재도약하기 시작하면서 그때까지 미국에서 유럽으로 수출하던 농작물이나 공산품의 주문이 급격히 줄어들었다.

⑤ 당시 미국은 자국 산업을 보호하기 위해 수입품에 높은 관세[p.242]를 매기고 있었는데, 이에 대응해 다른 나라들도 미국으로부터의 수입품에 높은 관세를 부과하면서 미국의 수출산업이 부진을 면치 못하게 되었다.

⑥ 수출 부진과 동시에, 기업의 과잉 설비투자에 따른 생산 과잉과 농작물의 과잉 생산에 따른 가격 하락, 그리고 실업자 폭증 현상이 나타났다.

⑦ 투자자들은 자신이 소유한 주식의 폭락을 우려해 주식을 대거 매도했다. 그 결과 1929년 10월 24일(검은 목요일)에 주가가 대폭락했다. 그에 따라 다수의 기업과 공장이 도산하면서 실업자가 급증했다.

⑧ 당시 미국 경제에 의존도가 높았던 다른 나라들도 이 대폭락의 영향을 피할 수 없었고, 그것이 세계 대공황으로 이어졌다.

이후 미국에서는 1933년 대통령에 오른 F. 루스벨트가 뉴딜 정책을 내세워 공공사업을 벌이는 등 정부가 적극적으로 경제에 개입해 일자리를 창출하고 국내 구매력을 높이는 정책을 폈다.

21. 금융 위기 The Financial Crisis

2008년 9월, 미국의 투자은행 리먼 브라더스가 파산했다. 그 영향으로 전 세계의 주가가 폭락하면서 일어난 금융 위기와 세계 동시 불황을 말한다.

① 리먼 브라더스는 1850년에 리먼 가家의 형제 셋이 설립했다. 2008년 당시 세계 4위의 투자은행이었던 이 회사 파산의 도화선이 된 것은 저소득자 전용 주택 대출 상품인 '서브프라임 모기지론'이다.

② 이는 일반 금융기관에서는 대출을 받을 수 없는 저소득자를 위한 상품으로, 저소득자도 자기 집을 가질 수 있는 아주 매력적인 것이었다.

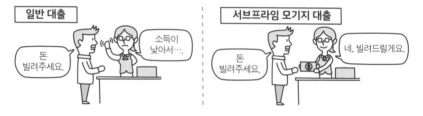

③ 이 대출이 인기를 끌면서 미국에서는 주택 건설 붐이 일었다. 그 결과 집값이 올랐고 꾸준히 집값이 오를 것이라고 믿은 많은 사람이 앞다퉈 집을 지었다.

④ 그러나 서브프라임 모기지 대출금리는 처음에는 정상적인 수준이지만, 시간이 지나면 금리가 상승하는 구조였다. 그런 구조를 통해 대출기관은 리스크를 줄일 수 있었다.

5 서브프라임 모기지 대출을 받은 저소득자들은 처음엔 대출금을 갚았지만 금리가 오르면서 상황이 어려워지자 결국 주택을 매각하게 되었다.

6 여기서 문제가 된 것은 주택 대출의 구조다. 서브프라임 모기지 대출은 담보로 제공한 주택만 내놓으면 대출금 잔액이 남아 있어도 더 이상 대출금을 갚을 필요가 없는 구조였다.

7 그러자 대출금을 회수하지 못하게 된 은행의 부실채권이 확대됐다. 그뿐 아니라 서브프라임 모기지론은 증권화되어 유럽의 투자가도 보유하고 있었다. 결국 미국 주택 버블의 붕괴는 전 세계의 금융기관까지 끌고 들어가게 되었다.

8 리먼 브라더스는 도산했고, 이후 금융 불안으로 뉴욕 주식시장이 대폭락했다. 그 영향으로 전 세계 증시가 큰 타격을 입었다.

찾아보기

297

300